广告策划与品牌管理研究

李黎丹◎著

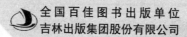
全国百佳图书出版单位
吉林出版集团股份有限公司

图书在版编目（CIP）数据

广告策划与品牌管理研究/李黎丹著. --长春：
吉林出版集团股份有限公司，2023.6
ISBN 978-7-5731-3709-8

Ⅰ.①广…Ⅱ.①李…Ⅲ.①广告－策划－研究②品
牌－企业管理－研究Ⅳ.①F713.81②F273.2

中国国家版本馆CIP数据核字(2023)第115432号

GUANGGAO CEHUA YU PINPAI GUANLI YANJIU

广告策划与品牌管理研究

著　　者：李黎丹
责任编辑：欧阳鹏
封面设计：冯冯翼
开　　本：720mm×1000mm　1/16
字　　数：260千字
印　　张：14
版　　次：2023年6月第1版
印　　次：2023年6月第1次印刷

出　　版：吉林出版集团股份有限公司
发　　行：吉林出版集团外语教育有限公司
地　　址：长春市福祉大路5788号龙腾国际大厦B座7层
电　　话：总编办：0431-81629929
印　　刷：三河市金兆印刷装订有限公司

ISBN 978-7-5731-3709-8　　定　　价：84.00元

前　　言

　　21世纪以来,广告业所受到的冲击也许超过了它迄今为止在历史上的任何一个时期。不论是否承认,所有从事营销传播的人士,包括业界和学界的专业工作者,以及工作中有形、无形涉及营销传播的人士,都不得不面对这样一个现实:广而告之的时代已经结束。如果你还想营销一个品牌、一件商品、一项服务、一种观念、一个组织、一个人甚至就是你自己,那种传统的广告宣传不仅很难奏效,甚至从投入产出的角度来看也得不偿失。而所有这些的本源,都来自市场环境与传播环境的变化。

　　广告策划是一个完整的策划体系,它是根据广告主的市场营销计划和广告目标,在市场调查、预测的基础上,对广告活动进行的整体规划或战略决策。在广告策划与广告创意的过程中,我们要清晰地知道什么是广告目标、广告对象、广告创意、广告媒介等,这些既是广告策划的实质意义,也是广告学中最基本的概念。在进行广告策划的时候,我们需要掌握广告战略策划、广告计谋策划、广告媒介策划和广告创意策划等基本概念。

　　本书从应用型人才培养的需要出发,力争成为相关专业教师和学生及从业者喜爱的辅导用书和参考用书。在写作思路方面,笔者将具体的理论与实践有机结合,用简单明了的理论来解释方法和操作,用生动实际的方法来实践,可为学习和了解广告策划,以及进行品牌管理提供一定的指导。

2023 年 2 月

目　　录

第一章　广告策划概述

第一节　广告策划的要素与类型

一、广告、策划与广告策划

（一）广告的含义

"广告"一词，源于拉丁文"advertere"，本意为"注意，引导，传播"。公元1300—1475年，演变为"advertise"，其含义被扩大为"使某人注意到某件事"或"通知别人某件事，以引起他人的注意"。直到17世纪末，英国开始进行产业调整，以创意产业为主导，广告作为创意产业中不可或缺的一个重要组成部分，伴随着大规模的商业活动在历史的洪流中逐渐走进人们的生活。从这个时期开始，"广告"一词便广泛地流行并被使用。此时的"广告"，已不单指一则广告，而是指一系列的广告活动，使得"advertise"这一静止的概念的名词，获得更多的现实意义并转化为"advertising"。然而汉语中"广告"一词则源于日语中的日文汉字。在这之前，日文中还使用过"告白""告知"等词语表述。

广告有广义和狭义之分。广义广告包括非经济广告和经济广告。非经济广告指不以营利为目的的广告，又称效应广告，如政府行政部门、社会事业单位乃至个人的各种公告、启事、声明等，主要目的是推广。狭义广告仅指经济广告，又称商业广告，是指以营利为目的的广告，通常是商品生产者、经营者和消费者之间沟通信息的重要手段，或企业占领市场、推销产品、提供劳务的重要形式，主要目的是扩大经济效益。

1890年以前，西方社会对"广告"较普遍认同的一种定义是：广告是有关商品或服务的新闻（News about product or service）。

1894 年，Albert Lasker（艾伯斯·拉斯克，美国现代广告之父）认为：广告是印刷形态的推销手段（Salesmanship in print, driven by a reason why）。这个定义含有在推销中劝服的意思。

1948 年，美国营销协会的定义委员会（The Committee on Definitions of the American Marketing Association）规定了一个有较大影响的"广告"定义：广告是由可确认的广告主，对其观念、商品或服务所作之任何方式付款的非人员式的陈述与推广。

美国广告协会对"广告"的定义是：广告是付费的大众传播，其最终目的为传递情报，改变人们对广告商品之态度，诱发其行动而使广告主得到利益。

《韦伯斯特词典》对"广告"的定义是：广告是指在通过直接或间接的方式强化销售商品、传播某种主义或信息、召集参加各种聚会和集会等意图下开展的所有告之性活动的形式（韦伯斯特辞典 1977 年版）。

在现代，广告被认为是运用媒体而非口头形式传递的具有目的性信息的一种形式，它旨在唤起人们对商品的需求并对生产或销售这些商品的企业产生了解和好感，告之提供某种非营利目的的服务及阐述某种意义和见解等（韦伯斯特辞典 1988 版）。

《简明大不列颠百科全书》（第 15 版）对"广告"的定义是：广告是传播信息的一种方式，其目的在于推销商品、劳务服务、取得政治支持，推进一种事业或引起刊登广告者所希望的其他的反应。广告信息通过各种宣传工具，传递给它所想要吸引的观众或听众。广告不同于其他传递信息的形式，它必须由登广告者付给传播的媒介以一定的报酬。

在《中华人民共和国广告法》中，"广告"的定义是：在中华人民共和国境内，商品经营者或者服务提供者承担费用，通过一定媒介和形式直接或者间接地介绍自己所推销的商品或者所提供的服务的商业广告。

本书将"广告"定义为：广告是由广告主通过各种媒介形式，有偿地、有组织地、非人员性劝服地、直接或间接地向广告受众传递广告信息的传播活动。

（二）策划的含义

人们对于"策划"的理解往往是多种多样的，这正是策划的多元属性所导致的。无论通过何种方式去理解，总有一点是可以确定的，即但凡人类的有目的、有组织的活动，都会经过一系列系统性的思考与谋划，最终进行抉择，这样的过程就是策划过程，这是对"策划"的简单理解。

策划思想在中国源远流长，它与中国人类社会的历史一样悠久。原始社会的群体狩猎行为就有策划思想的萌发。商朝的姜子牙以其自身高超的智谋和策划行为辅助武王灭商纣而夺得天下。战国时期，策划思想更加丰富。《吕氏春秋》中"此胜之一策也"的"策"字，《论语·述之》中"好谋而成者也"的"谋"字，以及《汉书·商帝纪》中"运筹帷幄之中，决胜千里之外"的"筹"字，这些都有"筹划、安排、出主意、想办法、出谋划策"之意。春秋战国时期，策划行为更是在战争中起到举足轻重的作用。在战争之前，君主们都要备以祭祀之物，携文武大臣和策士、谋士们赴祖庙，一方面进行祈祷，愿祖宗保佑作战胜利；另一方面就"道、天、地、将、法"等"五事""七计"去筹算、度量战争的得胜条件，策划作战方案。《战国策》一书，就是战国时期策士、谋士游说策划之言论的汇编。

中国历史上直接出现"策划"一词是在汉朝时期。节录西汉刘安的《淮南鸿烈·要略》中，就有"擘画人事之终始者也"的要句。节录南朝宋范晔的《后汉书·隗器传》中，更有"是以功名终申，策画复得"的要句。唐代元稹的《奉和权相公行次临阙泽》中，也有"将军遥策画，师氏密訏谟"的诗句。宋代司马光在《乞去新法之病民伤国者疏》中，也有"人之常情，谁不爱富贵而畏罚祸，于是缙绅大夫，望风承流，竞献策画，务为奇巧"的句子。清代魏源的《再上陆制府论下河水利书》中也写有"前此种种策画，皆题目过大"的句子，这里的"擘画""策画"均与"策划"通用。

随着社会的进步和发展，"策划"的含义由原来出谋划策的表层次向深层次演化。南宋辛弃疾在《议练民兵守淮疏》中写道："事不前定不可以应猝，兵不预谋不可以制胜"。就是说，做事情不在事前决策，就很难应对突然的变化；行军作战如不在战前策划，就很难克敌制胜。可见古人已经认识到先策划后决策的重要性及策划在决策中的重要地位。

到了近代中国，"策划"一词的使用更趋普遍。如创办于1902年的《广益丛报》，是同盟会重庆支部的机关报。其中1906年的第118期有篇新闻报道，题目为《广西：策划采运水晶》。1926年创刊的《良友》，是中国问世较早的综合性大型画报。其中1930年第45期刊登图片，说明为"香港之革命遗迹：孙总理胡汉民黄克强等曾匿此屋策划革命"。

"策划"一词成为中国大众耳熟能详的"热词"，应该是20世纪80年代以后的语言现象。先是在我国台湾、香港地区工商界使用较多，写作"企划"。改革开放后，随着招商引资尤其是引进境外工商企业的经营管理经验，"策划"作为一种全新的经营理念由外而内得以迅速传播。作为战略管理和营销方法，"策划"的理念逐渐渗透于社会上许多行业，广告业就是其中之一。

综上所述，所谓策划就是根据实际目标的要求，在分析现有条件的基础上，谋划和设计相关战略战术，对于提出、实施和检验相关决策做出预先的考虑、安排与设想的决策活动过程。

（三）广告策划的含义

广告策划是在市场经济产品流通中的必然产物，是广告活动科学化、规范化的标志之一。所谓广告策划，简单地说，就是策划思维在广告领域的具体应用。

美国最早实行广告策划制度，随后许多商品经济发达的国家都建立了以策划为主体、以创意为中心的广告计划管理体制。1986年，中国广告界首次提出广告策划的概念。这是自1979年恢复广告业之后对广告理论一次观念上的冲击，它迫使人们重新认识广告工作的性质及作用。广告工作开始走上向客户提供全面服务的新阶段。

广告策划有广义与狭义之分:广义的广告策划是系统性的,即为企业在某一特定的时间段内替广告活动规划部署,又称广告全案策划。狭义的广告策划是单独性的,即为一个或几个单一性的广告活动进行策划,也称单项广告活动策划。

一个较为完整的广告策划活动主要包括五方面内容:广告调查、广告策略、创意表现、媒介策略、广告效果评测。广告策划可使广告有效、准确、及时地传递给目标消费群体,并产生一定的效果,从而引导消费,开拓市场。

综上所述,我们可以将广告策划理解为:广告策划就是从广告目标出发,以市场、产品、消费者客观事实为依据,为广告战略与策略的规划与执行提出整体广告活动规划方案的决策活动过程。

为了对广告策划的含义有更深层次的理解,应从以下几个方面进行认识。

1. 广告策划是建立在市场、产品、消费者深入调查的基础上完成的

广告策划不是凭空虚设,更不是闭门造车,任何成功的广告活动都是在策划前期对于市场、产品、消费者三方面深入调查的基础上完成的。了解市场可了解我们广告产品现有的处境如何;用我们的产品与其他产品相互对比,可找到我们的优势与劣势;对于消费者的深入洞悉,可让我们更懂消费者,寻找更好的传播语境与消费者沟通。

2. 广告策划的核心是广告策略

广告策划不是具体的任务,而是对广告战略与广告策略的系统把握与规划。虽然广告策略不涉及任何广告活动执行的具体内容,但作为执行大方向的战略指导,在广告策划中占有绝对重要的地位。

3. 广告策划是在广告活动前对活动全程科学、系统的决策构想

广告策划是在科学分析,程序化解剖目标市场、目标消费者、竞争对手的基础上,对广告决策做出的战略构想。运用这一科学化、程序化的方法,对未来可能出现的情况,提前做出应对方案,就可能使具体项目获得成功。

二、广告策划的要素与类型

（一）广告策划的要素

所谓要素，是指客观事物存在并维持运行的必要因素，是组成事物的基本单元结构，如果缺乏要素，事物就无法构成，也不能称其为该事物。如 CO_2 是二氧化碳的分子式，它是由两个氧原子与一个碳原子所构成的。如果缺少其中任何一个元素，就不再是二氧化碳了。

那么广告策划是由哪些要素构成呢？一般来说，广告策划的构成要素可概括为：广告策划主体、广告策划客体、广告策划依据、广告策划过程、广告策划结果五个方面。

1. 广告策划主体——广告策划的核心要素

主体是指事物的主要组成部分，是事物的掌控者。广告策划的主体指的是广告策划的操控者，也就是一个具体的广告活动的策划者。策划者是整个广告策划活动的核心要素，一个合格的广告策划者，需要具备以下综合素质。

（1）善于与他人合作

广告策划是一个系统工程，也是一种合作的艺术。广告策划人不仅要与广告企业建立良好的合作关系，还要与广告媒介建立真诚的合作关系，同时，还必须与广告策划团队的同事建立良好的友谊。热情和真诚，既是做人的态度，也是做事的态度。广告策划人承揽广告业务，虽然主要看重的是广告策划人的策划能力，但在广告合作过程中，广告策划人的人生态度、精神价值取向，将直接决定合作是否可能建立，是否可以长久合作。

（2）坚定的信念、勇往直前的毅力

一个出色的广告策划人，他们的态度应该是不卑不亢的，工作作风应该是冷静严谨的，对企业状况是比较了解的，有一定的洞察力，能深入分析，直指要害，不仅可以有效地利用专业能力协助企业认识问题、分析前景，并且更加善于制定系统而又具体的改进方案。具有自信心,深信自己所做事情的价值,即使遇到阻挠和非议也不改变自己的信念,有着勇往直前的毅力。

(3)坚持真理、为客户负责

在广告策划过程中,应该始终坚持存疑精神,对现有的事情不盲从,敢于大胆发问,敢于超越一般观念。坚持为客户负责的原则,坚持真理,不应该受客户情绪的影响,更不应当唯客户意图是瞻。当然这并不表示可以拒绝听取客户的意见和建议,事实上,任何好的方案,都是策划人和客户充分沟通、深入交流的结果。

(4)拥有良好的职业操守

广告策划是一个需要规范、需要自律、需要自重的行业。广告策划的主体,无论是个人还是团队,都是一定广告活动的智慧中心和业务先导。广告策划人在成长、发展和成熟的过程中,其自身的素质修养和自律程度直接影响着行业的发展和成熟。广告策划的主持者在遵循法律道德原则的同时,应逐步自觉地建立自身的职业自律,做到公正地传播广告信息;客观地向广告主反馈信息;有一定的社会文化责任感;对自己的组织和广告主具有忠诚意识。

2. 广告策划的客体——广告策划的对象

客体是主体以外的客观事物,是主体认识和实践的对象。所谓广告策划的客体指的是具体的广告策划的产品或服务及产品或服务所针对的目标群体。

任何客体都不是孤立存在的,在研究广告策划客体的过程中,我们需要将所有与广告策划有联结的对象整合起来,形成一个完整的关系系统,只有在明确了所有客体间的关系之后,才能有针对性地去制订具体的广告计划。

在了解广告客体相互间关系的过程中,我们经常会问到这些问题:

我们产品的特点有哪些?

我们产品的竞争对手有哪些?

与竞争对手相比,我们是否有优势?

购买我们产品的消费者是哪些人?

消费者是否还购买其他同类产品？

此类消费者购买此类产品的原因是什么？

有哪些因素影响他们的购买？

只有针对上述问题进行详尽的分析之后，才能保证广告策划的顺利进行。

3. 广告策划的依据——营销策略与调查数据

在广告策划的任何一个环节中，策略与决策的制定并非凭空设想，每个环节都要有依据。广告策划的依据主要来源于两个方面：一是企业所制定的营销策略。广告策划是营销策略中促销策略的重要组成部分，因此广告策划必须在此基础上进行。二是客观事实调查数据。广告策划所需要的一切数据都可以通过查阅文献与调查数据获得，这些数据主要包含市场、产品、消费者三大部分。

4. 广告策划的过程——策略与创意

广告策划的过程指的是为了实现广告目标，为广告对象制定合理的广告策略与创意表现。策略与创意的制定必须紧密结合，不能在内容与形式上存在相互脱节的情况，策略的制定必须具有指导性、可行性。创意的构想必须具备独创性、操作性。策略与创意制定的方法有很多，例如市场策略、产品策略、事件策略等。无论选择何种方法，都要科学、准确、恰当。

5. 广告策划的结果——反馈与改正

广告效果调查是广告在媒体上刊登或播出之后的一段时间内，对于目标群体进行的调查，通过获知接触广告的人群对广告活动的反应，测定广告效果的调查工作。其目的在于测定广告预期目标与广告实际效果的态势，反馈广告活动目标群体的真实想法和感受，为修正后续的广告策略和随后进一步开展广告工作奠定量化基础，以便广告主或广告公司的广告活动更好地促进企业目标的实现。

广告效果调查必须以严格的定量化指标为结果和表现形式，所有定性的内容都必须基于严格的量化参数。这就要求在广告效果的调查活动中，采用科学化的手段与方法去进行各个调查环节的工作，以实现广告效果测定结果的可信性与有效性。

（二）广告策划的类型

在广告策划过程中,由于项目与客观环境的不同,策划者会根据自身的经验与擅长的方式制定广告策划方案,使广告策划在程序上表现为不同的类型。

1. 根据广告策划主体内容划分

当下,根据广告策划主体内容进行划分的主流广告策划类型有:商业传播策划、政府形象策划、社会化活动策划。

（1）商业广告策划

商业广告策划是传统广告领域中的广告策划类型,主要包括:品牌策划、产品策划、CIS策划、促销策划、公关策划等。例如,品牌从无到有的整体品牌策划及后续的宣传推广方案、产品的宣传推广方案、品牌的VI系统、产品淡季的促销活动等。

（2）政府形象广告策划

政府形象广告策划是指与政府形象相关的一系列广告策划。政府形象策划具体包括:城市形象策划、政府活动策划等。例如:政府出资拍摄的城市宣传片策划、城市旅游形象的广告策划等。

（3）社会化广告策划

社会化活动策划也是广告策划构成中不可缺失的部分。主要包括:节日庆典活动策划、体育赛事策划、展会策划、公益活动策划等。例如:围绕2008年奥运会所展开的各个层面的活动,从申奥、奥运会标记征集、奥运标识系统使用权拍卖到奥运吉祥物的抉择、奥运系列产品的延伸开发等,均属于社会化广告策划中体育赛事策划的一部分。

2. 根据不同的目的和策略划分

根据不同的目的和策略,可以将广告策划分为:促销广告策划、形象广告策划、观念广告策划、解决问题广告策划。

（1）促销广告策划

促销广告策划是公司在市场竞争中为摆脱市场占有率低、品牌渗透率低等问题而展开的广告策划,对广告策划产生的直接效果要求很高。促销广告策划的周期较短、广告见效快、投入费用也比较大。对促销广告的目标设定,均有明确的量化指标,最终评测广告效果大多以销售增长率作为衡量指标。常见的促销广告类型有抽奖、馈赠、优惠券等。

（2）形象广告策划

形象广告策划是公司在市场竞争中产品处于成熟期为增加产品美誉度及消费者忠诚度而进行的广告策划,以传递品牌理念、主张、个性、价值观为主,期望获得消费者在心理、情感上的信赖与认可。由于形象广告不是以直接利益作为承诺,所以策划的周期往往较长、见效也较慢。最终评测广告效果大多以消费者满意度、忠诚度作为衡量指标。国外某知名品牌手机的品牌广告的策划与执行就属于形象广告策划。

（3）观念广告策划

观念广告策划是公司为传达某种产品概念和消费形态,以说服消费者为最终目标的一种广告策划。观念广告策划往往传达一种尚未被大众意识到的产品或服务概念,介绍并建立新的价值观和评判标准,或是对习惯性消费观念加以修正。最终评测广告效果大多以消费者初次尝试产品或服务的数量为衡量指标。曾经的功能型饮料王老吉就是观念广告策划的产物。

（4）解决问题广告策划

解决问题广告策划是针对公司、产品、消费者或市场环境所出现的具体的、突发性的迫切问题进行的广告策划,目的在于通过广告沟通使面临的紧迫问题得以直接顺利解决。由于解决问题广告策划具有极强的针对性,所以在策划过程中一定要了解产品或服务的基本情况,对消费者所面临的问题有深刻的理解,最终提出能够触动消费者的问题解决方案与沟通方式。汰渍洗衣粉的广告策划就属于解决问题广告策划。

第二节　广告策划的特征与原则

一、广告策划的特征

不同类别的广告策划活动是存在很大差异的,但究其根本,其中也有一些共性特征,具体来说可以归纳为以下几个方面。

(一)系统性

所谓系统性是指广告策划将广告活动的各要素、各环节发挥出综合作用。广告策划是由广告策划主体、广告策划对象、广告策划依据、广告策划过程、广告策划结果等一系列要素所构成的一套完整的系统。缺少任何一个要素,广告策划活动都不能顺利进行,广告策划活动也无法正常开展。除此之外,广告策划涉及从产品到消费者、从广告目标到广告诉求、从广告创意到广告制作、从媒介选择与组合到广告发布的全过程,贯穿了广告活动的所有环节,如果各要素、环节之间不能协调统一,整个系统就不能正常运转,广告策划活动也不能有效开展。

(二)指导性

所谓指导性是指广告策划对于具体广告活动具有指导作用。广告策划是对未来广告活动的规划,是执行广告活动的指导思想,它可以指导广告调查、策略制定、创意构思、媒介选择、效果测定等各个环节。如果没有广告策划的全程指导,则各个环节就没有了方向,难以形成良好的广告效果。

(三)针对性

所谓针对性是指广告策划是根据特定广告主的需求而制定广告目标并且有针对性地开展广告活动的工作过程。只有这样的广告策划才能使具体广告行为达到预期效果。没有针对性的广告是盲目的广告,而盲目的广告是无法取得预期效果的。

（四）动态性

所谓动态性是指广告策划并非是一成不变的,一旦市场、产品、消费者发生变化,所制定好的广告策划的内容与形式,也应与市场相适应。只有随着市场不断地运动、变化和发展,才能确保广告执行切实有效。

（五）独创性

所谓独创性是指广告策划必须是新颖独特的原创构思,不允许重复与抄袭。广告策划的独创性并不仅是靠广告策划人员的灵感产生的,是基于产品、市场、消费者的客观事实而进行的严密构思,如果脱离了客观事实而凭空想象,很有可能影响广告的最终执行效果。

二、广告策划的原则

广告策划的构思与执行是有原则约束的,广告策划的原则决定了广告策划活动不是随心所欲的行为。广告策划者必须遵循一定的原则从事广告策划活动。广告策划的原则主要体现在以下几个方面。

（一）求实原则

真实是广告的生命。真实不仅要对企业的利益负责,更要对消费者的利益负责。无论什么时代、什么场合、什么媒体、什么商品,不真实的广告只能失去社会公众的信任和支持,无论其设计多么巧妙,均逃脱不了失败的命运。广告策划必须基于真实的广告信息进行,不能夸大其词,欺骗消费者,即使蒙混一时,也不可能持续多久。

（二）效益原则

讲究效益是广告策划的基本要求。企业进行广告策划时,除了考虑策划的目的,还必须考虑企业的资源状况。任何一个广告活动都应考虑投入与实际收益。经过广告策划的广告活动必须获得广告效益。广告效益包括经济效益和社会效益两种。

（三）可行原则

一切广告策划不能只停留在纸面上，其最终目的是应用于实际，指导广告活动的操作过程。因而广告策划必须具备可操作性，使策划的环节明确，步骤具体，方法可行。

（四）合规原则

广告作为一种社会文化传播活动，会对民众的意识形态产生一定的影响，因此必然要受到法律法规的制约。在广告策划的过程中，必须坚持法律与道德的原则。广告策划过程中不得加入损害民族尊严、反动、迷信、淫秽等内容，除此之外，在策划过程中不可侵犯他人的知识产权，这样才能使广告业能够健康、持续地发展。

（五）科学原则

正确的广告决策来源于科学的构思与超前的预测。正是广告策划的这种科学化的构思，才能保证正确的广告策略，这就要求事先处理好广告活动的各个环节及广告策划人员相互之间的有效配合问题。

第三节　广告策划的作用与意义

一、广告策划的作用

随着商品经济的发展、商业竞争的激烈化、广告市场规范化和经济全球化，没有经过有效策划的广告已经很难抓住观众的眼球。好的广告策划能"抓住"客户，让客户有信赖感，有依靠感，这样媒体赢得较稳定的广告来源才可能成为现实。好的广告策划需要较高水平的策划人，因此广告策划是广告从业人员不可忽略的一个重要课题，是商业发展的助推器，是商业竞争的有效利器。广告策划的作用愈发明显。

（一）广告策划可促进商品经济的发展

15、16 世纪,商品经济萌芽,其后又历经第一次产业革命、第二次工业革命和第三次科技革命,现如今进入了 21 世纪,商品经济的发展已达到前所未有的高度。商品经济愈发成熟,但也遇到了前所未有的挑战与发展困境。如何迎接挑战? 如何跳出困境? 如何赢得市场地位? 如何迎合客户需求? 这些都是摆在厂商面前亟待解决的难题。怎么办? 广告策划以其系统性、指导性、独创性、动态性的特征在商品经济发展的浪潮中占据了一席之地。

（二）广告策划是广告竞争的必要条件

商品经济的发展带动了广告的产生。在经历了萌芽、发展、壮大之后,如今的广告已变得越来越难做了,广告竞争太激烈。在这种情况之下,容不得厂商在广告上犯错误,至少应该少犯错误。广告策划就是为应对这种情况产生的。广告策划会对厂商广告进行全权策划,指导并管理厂商的广告发布。

（三）广告策划可促成广告市场规范化

随着国内广告业的发展,广告不规范的现象时有发生。虚假广告、欺诈广告对人民的生命财产造成了非常恶劣的影响。为保障人民的合法权益,国家颁布广告市场规范相关条例,严格规范广告市场的行为。可如此一来,又势必会或多或少地限制广告业的自由发展。这时候对广告进行策划就显得非常有必要了,一方面能防止误入歧途,发布一些不合规范的广告;另一方面可对广告的制作、发布实施全程指导。

（四）广告策划为经济全球化提供有力保障

自 20 世纪八九十年代始,经济全球化现象在全世界愈演愈烈。全球化包括科技全球化、经济全球化、金融全球化、生产全球化。这种超越国界的现象在给公司带来机遇的同时,不可避免地增加了经营的困难。众多跨国公司和国外资金的涌入可能会冲击国内原本就相对脆弱的民族经济体系。原先简单的广告制作与发布已不符合企业的发展需求,为了求生存、图发展,许多公司转向策划机构寻求帮助,特别是广告策划公司。这类公司能全程指导、监控公司广告的制作、发布,使企业在经济全球化这个背景下得以生存发展壮大。

二、广告策划的意义

随着社会主义市场经济制度的逐渐完善,我国经济的快速发展,商品日趋丰富且流通速度加快,很多商品由短缺趋于饱和。伴随激烈的市场竞争,"酒香不怕巷子深"的时代一去不复返,企业的经济意识越来越强烈,专业化广告公司的介入已成为越来越多企业在市场竞争中获得胜利的关键。我国的广告业在这个时期迅速崛起,广告也已成为人们日常生活中不可或缺的内容,遍及社会生活的各个领域与角落:从繁华的大都市到偏僻的小山村,从各种新闻媒体到日常生活中的各种载体,从我们目之所及到耳之所闻,广告无所不在、无处不有。广告在传达一定的商品信息、产生一定的经济意义的同时,也在传达着一定的政治、文化、美学信息,产生一定的社会意义。广告在推动产业发展、宣传企业品牌、推销企业产品、取得良好经济效益的同时,也在潜移默化地影响人们的思想和行为,美化我们的生活,产生良好的社会效益。因此,广告在现代社会生活中的作用和意义,主要体现在它的经济意义与社会意义两个方面。

(一)经济意义

广告作为商品经济的产物,其首要目的是产生一定的经济效益。在市场经济的活动中,商业广告作为经济活动的一个内容,可以促进社会整体的经济发展,产生超越广告与企业本身的经济意义。

1. 广告策划的宏观经济意义

商业广告的经济意义超越了广告与企业本身。无论是广告传媒、广告载体,还是做广告的企业,都会因广告产生一定的经济效益。广告传媒因广告而增加收益,广告载体也因广告有了效益,企业本身也因为广告而提升了品牌形象,增加了产品销售量,从而提高了效益。因为广告的中介,它联系、带动了无数个产业的发展,并使产业之间、企业之间形成了良好的互动,共同促进,共同发展,共同做强、做大。在现代经济社会里,各个产业、各个企业之间,有着千丝万缕"斩不断,理还乱"的联系,可以说是互相渗透、互相影响。任何一个产业、一个企业,都不能独立于社会大环境而独立地发展,常常是一荣俱荣,一损俱损。因此,正是因为广告业的发展,带动和促进了一批企业、一批产业的发展,也促进了国民经济的整体快速发展,使国家的税收与财政收入有了较大的提高,也使国家的综合经济实力有了明显的提升。

2. 广告策划的微观经济意义

商业广告的微观经济效益主要是针对企业本身而言。企业通过广告宣传,提升了企业形象,扩大了品牌影响,增加了产品销售量,提高了市场占有率和经济效益。而企业有了较强的经济实力后,会投入更多的资金用于产品研发,建立营销网络和产品售后服务网络,增强企业的发展后劲,使企业进一步做强、做大。在一定意义上而言,商业广告对促进企业的发展功不可没。在市场经济的发展史上,商业广告为产品、企业进军市场鸣锣开道,"一条广告救活一个企业""一条广告做大一个企业"的案例俯拾皆是。例如"海尔"的"真诚到永远",就伴随着"海尔"从一个名不见经传的乡镇企业,发展成为中国第一品牌、世界白色家电排名第五的国际性大企业。

(二)社会意义

商业广告虽然是一种经济行为,是商品经济发展的产物,但商业广告不论是在形式和内容上,都包含一定的人文因素,既体现了广告人的社会价值观与审美观,也体现了企业的道德价值观和产品的文化定位。商业广告一经发布,它会产生一定的政治与文化影响,会渗透到社会生活的各个层面,会影响到人们的思想与行为。因此,会产生一定的社会意义。

1. 培养良好的价值观与社会风气

虽然商业广告的初始目的是宣传产品,推销产品,但它必然同时蕴含着广告人的精神意识,折射出企业的价值观念,体现出一定的人文理念。商业广告中体现出的正确的价值观念与人文理念,会倡导一种良好的社会风气,孕育一种良好的社会氛围,创造一种和谐的社会环境。

2. 培养社会大众高尚的审美情趣

广告策划虽然是经济活动,但它在内容和形式上,无不寄寓着广告策划人的审美情趣和文化品位,同样也体现了广告主与产品本身的审美情趣与文化定位。因此,好的广告策划方案,在注重宣传产品功能的同时,也注重广告本身的审美功能。在广告的内容上,会进行富有情趣的构思。在广告的形式上,则会注意画面、色彩、声音、形象等诸多方面的搭配,使之引人入胜,过目难忘。同时广告策划注意内容和形式的完美结合,使广告具有丰富的内涵和怡人的形象,从视觉、听觉等诸方面对消费者的心灵造成冲击,激发其审美情趣,培养其高尚的审美情操,从而使其对广告所宣传的产品产生好感,并诱发其购买愿望。

3. 培养民众的民族自豪感

爱国主义是中华民族的优秀传统,是中华民族几千年来生生不息、一脉相传的民族精神。在现代社会的经济生活中,一些优秀的广告作品,往往能够将爱国主义作为宣传作品的切入点,既宣传了产品,提高了产品的知名度,提升了品牌的形象,又激发了民众的爱国主义情怀,培养了民众的民族自豪感。这样的广告作品,既取得良好的经济效益,又使广大群众因使用民族产品而骄傲,为民族产业的发展而奋斗,社会意义重大。

第二章　广告与消费者行为

第一节　消费者行为

一、消费者行为概述

（一）消费者和消费者行为

所谓消费者是指为个人的目的购买或使用商品和接受服务的社会成员。消费者与生产者及销售者不同，他们必须是产品和服务的最终使用者而不是生产者、经营者。也就是说，他们购买商品的目的主要是用于个人或家庭需要而不是经营或销售，这是消费者最本质的一个特点。作为消费者，其消费活动的内容不仅包括为个人和家庭生活需要而购买和使用产品，还包括为个人和家庭生活需要而接受他人提供的服务。但无论是购买和使用商品还是接受服务，其目的只是满足个人和家庭需要，而不是生产和经营的需要。

消费者行为是指消费者为获取、使用、处置消费物品或服务所采取的各种行动，包括先于且决定这些行动的决策过程。消费者行为是与产品或服务的交换密切联系在一起的。在现代市场经济条件下，企业研究消费者行为着眼于与消费者建立和发展长期的交换关系。为此，不仅需要了解消费者是如何获取产品与服务的，还需要了解消费者是如何消费产品，以及产品在用完之后是如何被处置的。消费者的消费体验，消费者处置旧产品的方式和感受均会影响消费者的下一轮购买，也就是说，会对企业和消费者之间的长期交换关系产生直接的作用。传统上，对消费者行为的研究重点一直放在产品、服务的获取上，关于产品的消费与处置方面的研究则相对被忽视。随着对消费者行为研究的深化，人们越来越深刻地意识到,消费者行为是一个整体,是一个过程,获取或者购买只是这一过程的一个阶段。因此,研究消费者行为,既应调查、了解消费者在获取产品、服务之前的评价与选择活动,也应重视在产品获取后对产品的使用、处置等活动。只有这样,对消费者行为的理解才会趋于完整。

一般来说,消费者行为是由消费者的购买决策与消费者行动两部分组成。消费者购买决策过程是消费者在使用和处置所购买的产品和服务之前的心理活动和行为倾向,属于消费态度的形成过程。消费者行动则更多的是购买决策的实践过程。在现实的消费生活中,消费者行为的这两个部分相互渗透、相互影响,共同构成了消费者行为的完整过程。

(二)了解消费者行为的重要性

看看你的同班同学,你对他们了解多少? 你能描绘他们的生活方式吗? 你知道他们爱用哪种产品吗? 他们常去哪家餐馆吃饭? 他们喜欢哪类运动? 如果这些你都知道答案,那么,他们买什么牌子的设备? 他们常看哪些节目? 他们常看哪些公众号? 他们会选择哪些媒体来观看广告? 要想回答这些问题,我们必须要对消费者的行为进行解析,而这些问题都是广告策划的基础信息。

为了使个体和由这些个体组成的群体对某一款产品保持兴趣,广告主通常要花费大量的金钱制作广告并通过媒体传播。要想获得成功,广告主必须了解是什么原因造成了自己潜在顾客目前的行为方式。广告主的目标是掌握充分的市场信息,然后得出买主的准确形象,找出彼此沟通的共同基础。这涉及对消费者行为进行全方位的解析,即购买和使用商品与服务来满足自己某一需要和欲望的人们都有哪些心理及情感过程和行为。

(三)消费者行为的相关者

1. 顾客

顾客是指消费产品或服务的个体或团体,一般分为三大类:现有顾客、潜在顾客和意见领袖。

（1）现有顾客

现有顾客是指已经购买过某企业的某种产品的顾客,实际上,他们也许会定期购买这种产品。衡量一家企业是否成功的一种方法就是计算现有顾客的人数及其重复购买的次数。

（2）潜在顾客

潜在顾客是指将要进行购买或正在考虑进行购买的人。

（3）意见领袖

意见领袖是指观点或行为受他人尊敬,能够影响他人的现有顾客、潜在顾客。一个意见领袖往往是联结众多潜在顾客的桥梁。

2. 市场

市场是消费者行为全过程中的第一个相关者,即一群有共同兴趣、需求和欲望,愿意使用某一特定产品或服务,有能力做出购买决策,花钱满足自己的需要或解决问题的现有顾客、潜在顾客和非顾客。一个市场很难将每一个人都包容进来。为了方便投放广告,企业一般将四场分为四大类。

（1）消费者市场

消费者市场包括购买产品或服务供自己使用的人。

（2）企业市场

企业市场指由购买原材料、配件或服务进行转卖或进入再生产过程,或指导自己生产的组织。作为消费者我们自然会更关注产品的营销与广告,消费品营销商自然比工业品营销商更依赖广告。然而,实际上,有一半营销活动是针对企业市场的。因此企业市场是一个非常重要的领域,针对其投放的广告要求具备极强的专业知识与技巧。

（3）政府市场

为国家、省、市、区政府活动采购产品。

（4）国际市场

国际市场包括上述三种市场位于国外的部分。每个国家都有消费者、经销商、企业和政府，对广告主而言，面向国外市场即意味着挑战，也意味着重要的机会。

3. 卖主

卖主是消费者行为全过程中另一个相关者，指的是任何一个准备销售自己的产品、服务或观念的个体或组织。要想销售成功，卖主们都必须在做广告之前了解自己的市场。

二、交换、感知与满足

（一）广告的营销大环境

任何一位广告主都面临着一个永恒的挑战，那就是如何将自己的产品、服务及观念有效地传递给消费者。要做到这一点，我们必须理解产品与市场之间的关系。一家企业能否繁荣昌盛，关键在于它是否有能力吸引并保留那些愿意且能够为企业的产品和服务付费的消费者。这意味着企业必须能识别自己潜在的顾客，了解他们有哪些需求，为满足这些需求而制造相应的产品、提供服务。最后，还要用能与之形成共鸣的方式和他们沟通，将这些信息传递给他们。

在整个市场营销的过程中，广告是营销活动所运用促销或传播过程中的众多工具之一，但如何做广告，在哪里发布广告，这些很大程度上都取决于营销组合的其他因素及广告对象的实际需求。广告的作用则是协助营销活动引发交换满足需求。

消费者需求和满足需求的能力之间的特殊关系是一个非常重要的因素，企业通过调查来发现市场上有什么需求，以便根据政治、经济和社会趋势来确定产品的共同特点，其目的是利用这些信息塑造产品，即设计产品，再通过制造、重新包装或广告，更加充分地满足消费者的需求。例如，某汽车品牌专门针对青年人开发出一款低价位、运动紧凑型 SUV 汽车。可供选择的附件包括运动行李架、可移动的宠物架等。所有这些设计都可以防止物品在座位上四处滑动。该品牌还为消费者提供了多款外观颜色及座位面料，如皮质、合成橡胶或针织以供选择。这一切都是以青年人真实的需求为出发点而量身定制的。有些商家往往对消费者需求并不重视，并不清楚消费者切实需要什么，怎样的信息才能打动他们，还指望着广告能将产品推销出去，这无异于异想天开。

（二）需求与效用

无论什么样的产品，一般的羽毛球拍也好，豪车也好，手机也好，甚至银行的理财服务也好，高品质本身并不能实现销售，还需要营销人员及时将产品提供给消费者并宣传其优点。

任何产品，其成功的关键都在于它必须满足消费者的需求。产品满足这些需求的属性被称为效用。产品效用分为功能效用和心理效用两类。有五种功能性效用对消费者而言非常重要，它们分别是：形态效用、实用效用、所有权效用、时间效用、地点效用。

企业在生产有形的产品时便创造了形态效用。产品发挥了它应有的功效，便是提供了实用效用。但单单制造一个产品并不能保证消费者会消费，首先必须要有消费者想要这个产品才行，否则需求不存在，产品效用也无从谈起。

即使在提供了形态效用和实用效用之后，商家也必须考虑消费者如何才能拥有该产品。这就涉及分销、定价策略、供货、购买协议、配送等。人们一般用钱来交换所有权效用。一个仅供展出而不出售的产品，即使再别具一格也不具备所有权效用，因为顾客无法购买它。

在消费者正好需要该产品的时候给他们提供这个产品，我们称之为时间效用。因此，营销的另一个要求就是：在消费者需要的时候，手上就要有充足的产品给予他们。

地点效用指将产品放到消费者能够方便地获得的范围内，这一点也是经营成功的重要因素。顾客不可能跑到遥远的地方去买自行车或汽车,更不可能为满足日常消费需要而长途跋涉。这就是银行设立分行,汽车加油站、24 小时的便利店如此之多的原因。

最后,产品能满足消费者的象征性需要或心理需要,如社会地位认同,消费者还能获得心理效用。心理效用一般通过广告来完成,可以满足消费者自尊和自我实现的需要。

无论是心理效用还是形态、实用、所有权、时间、地点这些功能效用,产品效用都是保证营销成功的一个基本因素。

（三）交换、感知与满足

营销目的在于“促成交换,最终满足个人或团体感知到的需要、欲望和目标”。这个定义中表示了三个重要的概念:交换、感知和满足。

1. 交换

交换指个人或组织用一件有价值的物品同其他个人或组织交换另一件物品。交换是营销学的传统理论核心。我们每个人在这个社会中,都会参与交换活动,这不过是人类满足自身利益自然属性的一部分。买主参与交换,以求获得更多的东西改善自己的处境,而卖主参与交换,则是为了扩大经营,赚取利润。

营销推动了交换,因而更加提高了我们获得满足的能力。营销可以开发人们可能想要的产品与服务;给产品与服务确定适当的价位;将产品与服务放置在方便的地点;通过广告和其他传播工具向人们宣传这些产品与服务。广告给人们提供信息,使大家意识到某些产品的存在及他们可以选择不同品牌的机会,广告还向人们传递有关产品的特点与优惠、各种价格选择及产品出售地点方面的信息。在支付营销的情况下,广告甚至还可以完成销售。

2. 感知

准备参与交换活动的人有时会担心,他们可能害怕交换是不平等的,即使交换完全公平,他们也会有这种顾虑。这就是感知的问题。如果顾客对产品了解不多,他们的这种不平等感就会更加强烈。在这种状况下,知情一方必须向买方保证等价交换的可能性。如果卖方能够提供买方正好需要的信息与刺激,双方可能会承认这是一次感觉上等价的交换。然而,若没有这种感觉,交换便不可能发生。例如,如果人们认为云网盘许诺的利益不值得他们每月为此付30元,他们就不会去购买这种服务,无论云网盘在广告上的投入有多大。由此可以看出,营销实际上涉及顾客感知的两个层面:顾客对产品与服务的感知及卖主对顾客的需求、欲望和目的的感知。

因此,广告主必须首先了解自己的顾客来自何处。他们的需求是什么?他们的欲望是什么?他们如何看待我们?一旦广告主深入了解自己的顾客,他们就能更有效地调整或修正对其产品的顾客感知,满足顾客心中认定的欲望和需求能力的信念。

广告可以利用各种手段来达到这个目的。比如,电视广告可以利用适当的灯光或音乐烘托气氛,在吸引顾客注意力的同时,激发他们实现某一需要或欲望的情感。如果消费者已经注意到了产品的存在及其价值,而他们决定要满足的欲望或需要又正好与产品提出的许诺相吻合,他们就很有可能采取行动。

3. 满足

即使交换完成,满足仍然是个问题。产品必须让顾客一用到它便觉得满意,否则,他们就会认为自己得到的不是等价交换。满意引发更多的交换,心满意足的顾客会反复购买,而且会告诉自己的亲朋好友。良好的口碑会带来更多的销量和良好的声誉。因此,满足应该既是顾客追求的目标,也是成熟卖主的基本目标。

广告提醒顾客为何要购买这个产品,帮助他们说服持怀疑态度的亲朋好友,使他们能够劝服其他潜在顾客采取购买行动,这些行为巩固了他们的满足感。但是,如果产品的性能不好,由此产生的负面影响恐怕更难控制。实际上,烂产品配好广告很快就可以毁掉一个企业。广告越好,尝试产品的人就越多,尝试产品的人越多,一旦不满意,反感的人就越多,而且他们还会转告给自己的亲朋好友。

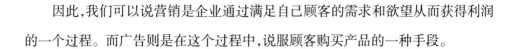

因此,我们可以说营销是企业通过满足自己顾客的需求和欲望从而获得利润的一个过程。而广告则是在这个过程中,说服顾客购买产品的一种手段。

三、消费者决策过程概述

(一)个人过程

无论这个消费者决策过程是长还是短,都会有很多社会和心理变量在消费者的行为中发挥作用。这些变量包括一系列受各种影响形成的个人过程。个人过程引导着我们处理原始信息并将此转化成感受、思想、信念和行动。

假设你是广告部经理,准备向职业运动员和体育运动参赛者宣传一种具有高科技的、富含维生素的新饮料,名字假设叫"维动",那么你的第一个目标是什么呢?

促销新产品的首要任务是创造产品的知名度,其次是为潜在顾客提供足以打动他们的产品信息,以便他们发现利益,并在知情的状态下做出决策,最后以广告激发顾客的欲望,促使他们自愿尝试产品以满足自己的需要。如果他们发现"维动"的确令人满意,他们多半会继续购买。在上述的个人过程中,清晰地描述出消费者决策的个人过程三个主要环节:感知、学习与劝服、动机。通过研究个人过程,广告主就可以清楚地判断出人们是如何看待自己的广告信息的。

(二)人际与非人际因素

对于广告主而言,只知道个人的感知、学习与劝服及动机过程还远远不够,一些重要的影响因素甚至会控制上述过程,它们甚至还会指导消费者的行为。我们的心理过程和行为均受两组因素影响:人际影响和非人际影响。其中人际影响包括家庭、社会、文化影响。非人际影响往往不以消费者的意志为转移,包括时间、场所和环境影响,这些因素又会进一步影响到个人的感知、学习和动机过程。

(三)购买决策和购后评价

经过这些过程和影响之后,我们面临着整个过程中最关键的决策:是否要购买。但迈出这最后一步往往还需要另一个环节,即评估备选方案。在这个环节里,我们要选择产品的品牌、大小、风格、色彩等诸多因素。如果我们仍决定购买,那么,购后评价将极大限度地影响我们后续的所有购买活动。

和营销传播过程一样,购买决策过程也是循环往复的。广告主掌握了这个过程,就可以使自己的广告信息更好地到达消费者,并使之产生效果。

第二节 消费者决策过程中的个人过程

一、消费者感知过程

消费者对一大堆同类产品中每一种不同品牌的感知,决定着他会使用哪一种。因此感知问题是广告主必须跨越的第一个,也是最大的一个障碍。有些卖主花费了几百万美元进行全国性广告、销售推广、售点展示和其他营销传播活动,最后却发现许多消费者根本没记住他们的产品或促销活动。为什么会这样?答案就在感知规律上。

我们用"感知"一词来指我们个人感觉、消化和理解各种信息的方式,在消费者的感知过程中,有好几个重要因素。

(一)刺激

刺激是指我们通过感觉器官接收到的物理。当我们观看一辆新车时,我们就已经接收了一系列刺激,我们可能会注意到漆的颜色、皮革的气味和引擎的声音,而当我们看报纸上的一则剧院广告时,我们也会注意到一组按广告形式精心组合的字体、绘画和图片。这些都是刺激。

广告刺激有多种表现形式,如橱窗展示、商品包装上的标志,甚至超市货架上标红了的价签,均可算作广告刺激。这些东西从本质上讲都是物理性的,可以刺激我们的感觉器官,虽然强度不同,却可以测定。

（二）感知过滤层

感知的第二个重要因素是个人感觉和消化信息的方式。任何信息在被感知之前必须首先通过一系列感知过滤层，人们会下意识回避自己不需要的信息。过滤有两种类型：生理过滤和心理过滤。

生理过滤层是由视觉、听觉、触觉、味觉和嗅觉构成。这五种感觉识别进入的信息，衡量实物刺激的范围和强度。正如视力不好的人无法看清报纸上的广告，同样，如果某产品的电视广告内容与音乐不对称，观众就有可能调台换频道，甚至关掉电视。如果观众无法理解广告信息，他们就会过滤掉这些信息，也就不会有感知产生，产品自然卖不出去。

我们的感知不仅受感觉器官限制，而且还受到情感和兴趣限制。每个消费者都会根据自己的主观情感标准，用心理过滤层来评估、过滤信息并赋予信息个人色彩。用这些基于人的先天因素（如个性、需求）还有后天因素（如自我感觉、兴趣、态度、信念、经验和生活方式）来评估信息，可以帮助消费者归纳大量的复杂信息。

作为消费者，我们每天接触的信息已经过剩，无意当中会过滤掉或修正许多砸向我们的感觉，拒绝那些与我们以往经验、需求、欲望、态度和信念相矛盾的东西。我们会注意到某一些，但又会忽略另一些。这种现象被称为选择性感知。

（三）认知

感知过程的第三个要素是认知，即理解刺激。一旦我们识别刺激并允许其穿透我们的感知过滤层，我们就可以理解并接受这个刺激。现在，由于感知已经完成，刺激将到达消费者的现实层面。

但我们每个人的现实世界是不同的。例如，你也许会觉得墨西哥鸡肉卷是一种墨西哥风味的食物，你以为这就是事实。但有一天当你真的去了墨西哥之后，你会发现墨西哥根本没有这个食物，并且鸡肉卷的做法完全不是墨西哥烹调食物的方法。此刻你的看法就是以另一种感知为依据的，和之前你的看法是迥然不同的。因此，广告主必须找到大家共同的认知作为其广告信息的基础。

（四）大脑档案

人类的大脑就像一座记忆库,储存在我们大脑中的记忆叫大脑档案。在当今这个传播过度的社会中,刺激无时无刻不在轰炸着我们的感觉器官,信息塞满了我们的大脑。要处理像广告这类复杂的信息,我们的大脑就要按重要性、价格、质量、特点或其他因素,对档案里的产品和其他信息进行排序。消费者很难在一个档案中存下七个以上的品牌,多半只能记住三五个。剩下的不是与其他档案弄混,就是连同别的档案一起被扔了出来。比如,你能快速回忆出多少个运动鞋品牌?

由于我们记忆有限,我们拒绝开发新的大脑档案,不愿接受与档案中现存内容不相符的信息。消费者从使用某一品牌中得来的经验又会巩固他们对该品牌的认知,这种认识是很难被广告之类的东西改变的。不过一旦新的感知真的进入我们的大脑档案,新信息就会改变我们心理过滤层的资料库,我们的态度、兴趣、行为、信念甚至生活方式与经验都会随之改变。

既然感知过滤是广告主面临的一个重大挑战,那么了解消费者大脑档案中现有什么就非常必要了。如果可能,应让档案中的内容朝向有利于产品的方向变化。

二、消费者学习与劝服过程

我们每往大脑中增加一份新档案,也就是经历一次学习过程。许多心理学家都认为,学习是人类行为中最基本的过程。虽然在广告主看来,由于感知发生在学习之前,因此感知是最重要的,但实际上,感知和学习是一个统一体,两者相互重叠。

学习是思考过程中为巩固经验而发生的一种相对持久的变化。和感知一样,学习过程一方面不断清除大脑中的旧档案,另一方面又往旧档案里添加新内容。我们的习惯和技巧正是通过学习获得的。学习还有助于培养兴趣、态度、信念、偏好、偏见、情感和行为标准,正是这些因素影响着我们的感知过滤活动和最终的购买决策。

学习与劝服之间有着密切的联系。如果广告改变了人们的信念、态度或行为，劝服就成功了。广告主自然非常关注劝服及其发生过程。通过研究我们发现，劝服消费者的广告途径有两个：有意劝服路径和无意劝服路径。至于广告主选择哪条路径，和学习理论一样，这要取决于消费者对产品和信息的重视程度。重视程度越高，选择有意劝服路径的可能性就越大，重视程度越低，选择无意劝服路径的可能性就越大。

（一）有意劝服路径

在有意劝服路径下，消费者对产品的关注程度较高，因此他们会注意与产品有关的中心信息，比如产品的属性与利益、对有利性能的演示或心理影响。由于他们的关注程度较高，所以一般会更深入、更详细地认知和理解广告所传递的信息，进而对产品产生信心，对品牌产生积极态度，并由此产生购买的意图。

假设你现在上街买一件贵重物品，如一台某品牌电脑，由于所购物品相对较贵，你的重视程度也就相应较高。也许你会请教几个朋友或家人，也许你会多逛几家商店，比较一下型号和价格，也许你还会非常仔细地阅读有关这类产品的广告，了解各种产品的特性和优点。这就是有意劝服的过程。在这种情况下，一条结构巧妙、信息丰富的广告无疑会更具说服力。

（二）无意劝服路径

完全不同于有意劝服路径，无意劝服路径更像条件反射式的学习。不上街购物的人一般对产品信息的关注程度较低，他们很少甚至不会去注意或理解广告的中心信息，因此劝服的直接效果会很差。即使消费者能形成品牌信任、态度和购买意图，程度也十分有限。不过，这些消费者也可能会因为广告的娱乐因素而注意到其中的某些外围成分的感受如何，这些非产品成分都会使他们对广告形成积极的态度。日后，如果他们有机会购物的话，在他们需要对品牌做出判断时，这些与广告有关的意义便有可能促使他们对某一品牌产生有利态度或购买意图。

（三）有意劝服与无意劝服的选择

在产品差别不大的情况下,广告主也许会采用无意劝服路径的方法进行广告信息传递。他们的广告更注重形象或娱乐而非产品特征。许多关注度低的日常生活用品,比如肥皂、麦片、牙膏和口香糖等,一般会采用这种广告。

但是,如果某个产品有明显的优势,就像学生参加考试之前要复习重要内容以便记住它们一样,广告主也必须不断地向潜在顾客和现有顾客重复关键信息,它们才会记住产品的名称和好处。重复信息能促使人们想起过去曾经接触过的广告中的重要信息,因此能顺利地穿透消费者的感知过滤层。

三、消费者动机过程

动机是指促使我们付诸购买行动的潜在驱动力。这些驱动力来自我们想满足自身需要和欲望的有意识或无意识的目的。动机无法直接观察到。我们看见一个人吃东西,会认为他饿了,其实未必。除饥饿外,人们还有其他多种吃东西的原因,如用餐时间到了、紧张、无聊、馋、别人吃我也吃等。

人们通常为了某种需要而受驱动,这些需求也许是有意的,也许是无意的,有可能是物质的,也有可能是精神的、心理的。

为了更好地理解什么在驱动着人们,马斯洛创立了需求层次这一经典的理论模型。马斯洛坚信,较低级的、生理的和安全的需要支配着人类的行为,这些需要应当在较高级的、经过社会后天习得的需求产生意义之前首先得到满足。许多广告的基本诉求都是许诺能满足某一层次的需求。因此,广告往往表现人们的社会成就、自尊和自我实现这类较高级的需求,许多广告还表现个人成就所带来的满足感。

我们每个人都有需求,但我们往往意识不到它们的存在。在笔记本电脑出现之前,人们根本没有意识到需要它。但是,一旦消费者意识到自己的需求与某种产品相关,变化过程就开始了。消费者首先权衡自己的需求,或者认可它并采取行动,或者不理睬它。一旦认可了需求,便会将满足该需求当成自己的目标,从而产生达到某一特定结果的动机。与此相反,否认需求就会打消采取行动的念头,进而也不会设定什么目标,更不会有购买的动机。

现在的研究人员将马斯洛需求层次理论转换成了更便于营销商和广告主运用的战略性概念。例如,罗西特和珀西就提出了7种基本购买使用动机。他们将前4种动机视为被动生成动机,将后3种视为主动生成动机。

(一)被动生成动机

被动生成动机又称为信息性动机,是消费者主动寻找信息,以便解除心理压力的行为意图。消费行为中最常见的动力就是被动生成动机,诸如解决问题或回避问题。例如,某样东西用完了,这时,我们的大脑便处于一种被动状态中。为了消除这种感觉,我们就会积极寻找产品。于是,在买到该产品之前,我们会一直受这种想法驱使。如果买到的产品令人满意,压力便会解除。罗伯特和珀西指出,实际上,这类动机还可以被称为"解除"动机,因为它是靠解除人的被动状态来发挥作用的。

(二)主动生成动机

主动生成动机又称为转换性动机,是向人们许诺某种正面奖赏而非解决或降低某种被动状态,其目的就是利用主动巩固并加强消费者的动机,促使消费者了解或寻求新产品。主动生成动机因为消费者希望将此转换成某一感觉、智慧或社会意识,最终获得回报。因此,主动生成动机还可以称为"回报"动机,因为转换也是一种回报形式。

(三)被动生成动机与主动生成动机的选择

对某一类消费者而言,购买某一特定产品也许代表着被动生成动机,但对于另一类消费者而言,也许代表着主动生成动机。这表明广告主要了解的是两个不同的目标市场,有可能需要完全不同的广告策略。

在创作广告前,广告主必须仔细考虑引导消费者动机的那个目标。如果某饭店将自己描述成一个浪漫的地方,而该饭店的绝大多数顾客的真实目标却是为了满足自己少花钱填饱肚子的需要,那该饭店就要犯下大错了。

第三节 人际与非人际因素

一、人际因素

人际因素指对消费者行为产生影响的因素,分为消费者的家庭、社会和文化环境。

(一)家庭影响

家庭交流影响着我们作为消费者的社会化程度,即我们对许多产品的态度和我们的购买习惯。这种影响一般强烈而持久。如果一个人在童年时所受的教育就是感冒了也不能吃药,吃药对身体有影响,那么,他成年后无论什么样的感冒药广告对他来说都是无效的,也就是说购买行为早在无形中就已形成了。

(二)社会影响

我们生活的社会对我们有着巨大的影响,当我们将自己归于某一社会阶层,或与某一参照群体挂钩,再或看重某些意见领袖的观点时,我们对生活的认识都会受到影响,我们的感知过滤层活动及我们购买的产品也将会受到影响。

(三)文化影响

文化对消费者有着巨大的影响。所谓文化就是一个社会群体共同遵守的一套信仰、态度、行为规范,往往是代代相传的。中国人喜欢饺子、火锅,美国人喜欢热狗、汉堡、花生酱,英国人喜欢炸鱼、薯条,每个国家的人都有自己所钟爱的东西。对于广告主而言,与其去改变这些口味,不如去适应这些口味。

全球性的卖主更注重购物环境的变化。因为在经营活动中,营销活动更容易因文化上的过失而受到损害。

二、非人际因素

许多非人际因素也会影响到消费者的最终购买决策。最重要的非人际因素有时间、场所和环境，这些因素一般都不以消费者的意志为转移，但广告主却可以对此加以控制。

（一）时间

"时间就是一切"，这句话当然也适用于广告。某次周末特卖也许对顾客是一种附加奖励，很容易通过他们的感知过滤层，促使他们进入商店。但广告主如果到周日晚上才为这次特卖活动做广告，就无疑是在浪费广告费了。

同理，消费者的某一特定需要也会因时间的不同而产生变化。2015年，天气预报说我国南方将迎来一个异常寒冷的冬季，引得许多广告主及许多卖日用纺织品、靴子、棉衣的小零售商纷纷亮出了自己的广告。所以，企业的所有活动都必须根据消费者的"生物钟"来安排。

（二）场所

即使消费者已经决定要买某种产品，但如果他们不知道去哪里买或无法在方便的地方或自己偏爱的地方买到这种产品，他们仍然会犹豫不决。同样，如果消费者一直相信某一品牌是一种特殊的商品，但有一天这种商品却突然满大街都是，例如某品牌手机、某品牌电脑，那么，他们心中原有的产品"特殊"感就荡然无存。因此，卖主在策划广告战略时会仔细考虑消费者的需求，用大量的广告向消费者宣传购物场所的便利。

（三）环境

许多环境因素均可影响到人们的购买决策。如在2015年年底，地产广告的广告主根本别指望广告信息能够到达那些缺钱购物的消费者的感知过滤层。但在收银台旁进行诱人的陈列，倒可以增加廉价冲动型小商品的销售。因此，广告主必须考虑环境对消费者决策的影响。

第三章　广告调查与实施

第一节　广告调查及其分类

一、营销调查与广告调查

（一）营销与广告调查的必要性

确定好目标市场和营销组合各要素后，企业就有了一套完整地向市场进行营销的产品概念和战略基础，现在便可以将其战略和战术编制成书面营销计划和广告计划。作为策划的一个过程，企业还要运用营销与广告调查。

每年，企业都会将大量资金投入广告创作与促销活动中，希望自己的顾客与潜在顾客能够注意到这些活动，或与他们产生某种联系。于是，他们花费更多的资金在媒体上发布自己的产品或服务，希望自己的顾客能看见或听见，然后有所反应。

广告价格不菲。因此在没有很好地了解谁是自己的顾客、他们都接触什么媒体、他们想要什么及喜欢什么这些问题之前，广告主投入那么多钱就太冒风险了。因此，广告主有必要进行调查。调查可以给营销决策和广告决策提供有力的依据。没有这些信息，广告主就只好凭直觉和猜测行事，而在如今这个日新月异、高度竞争的全球经济状态下，这无异于自取灭亡。

（二）什么是营销调查

用于收集、记录、分析新信息，帮助管理者制定营销决策的系统程序被称为营销调查。营销调查有别于市场调查，市场调查是收集某一特定或细分市场的信息。营销调查具备多种功能：协助识别消费者需求和细分市场；为开发新产品、制定营销战略提供必要的信息；帮助管理者评估营销规划与促销活动的效果。

此外,营销调查还有利于财务规划、经济预测和质量控制。

　　企业通过营销调查收集大量不同的信息。也许,用一位调查人员提出的"3R"方法最便于我们理解调查对营销的作用:吸纳(recruit)新顾客、留住(retain)老顾客、重新赢回(regain)失去的顾客。

　　为了吸纳新顾客,调查人员可以研究不同的细分市场,用适当的产品和服务,设计出与卖主相匹配的产品模式。广告主有许多问题需要解答:消费者想要什么样的新产品? 我们应该有什么想法? 对于我们的顾客来说,什么才是最重要的产品特点? 对产品外观和性能进行哪种变化才能增加产品的销量? 什么价位才能既保持品牌形象且创造利润,又能吸引消费者让他们买得起? 这些问题的答案关系到产品设计和营销决策,直接影响着产品的本质、内容、包装设计、定价及广告。

　　同时,为了留住现有客户,广告主可以对顾客进行满意度调查。同样,顾客交易数据库也可以指明顾客满意或不满意的原因。现在,企业已经意识到,与顾客个人保持良好的关系是达到最佳销售效果的一个途径。因此,顾客满意度调查便成了营销调查中发展最快的一个领域。

　　前两种调查所获得的信息有助于解决第三个问题,即重新赢回失去的顾客。例如,一家办公设备生产厂家通过调查发现要求维修的电脑数量增多,这通常意味着客户随之可能会取消服务合同,公司就可以密切关注现有客户的动向,采取预防性措施。此外,广告主还可以检查老顾客的服务记录,针对他们的情况设计一些营销活动或广告诉求,再把他们争取回来。

(三)什么是广告调查

　　在设计任何广告活动之前,广告公司必须了解消费者对产品的感觉、对竞争对手的看法、对品牌形象和企业形象的信任度,以及哪些广告提出了最重要的诉求。若想得到这些信息,广告主可以开展广告调查。营销调查提供的是营销决策信息,广告调查提供的却是广告决策所需的信息。从定义上看,广告调查是为了帮助广告公司制定或评估广告战略,单个广告作品或整个广告活动而是对信息进行系统的收集和分析。

二、广告调查的分类

广告调查的目的各不相同,但总体来说,大多数广告调查可以分为四类:战略调查、创意概念调查、事前测试和事后测试。

广告战略调查:用来帮助确定产品概念或帮助选择目标市场、广告信息或媒介载体。

创意概念调查:在概念阶段测定目标受众对不同创意思路的接受程度。

广告事前测试:用来在广告活动开展之前诊断可能出现的传播问题。

广告事后测试:帮助营销人员在广告发布后对广告活动进行评估。

(一)广告战略调查

企业将创意组合的各个要素,包括产品概念、目标受众、传播媒介及广告信息混合在一起,制定出广告战略。为了获得有关这些不同要素的信息,企业可以运用广告战略调查。

1. 产品概念

广告主必须了解消费者如何看待自己的品牌,他们还希望了解是哪些因素导致了消费者的第一次购买,进而逐渐形成品牌忠诚度。通过这些信息,他们力图为自己的品牌建立一个独特的产品概念,即哪一系列产品能给消费者带来效用性和象征性利益的价值。

这种信息才能帮助广告主为品牌制定出有效的定位策略,经过一段时间以后,广告可以逐渐形成或修正品牌的定位和形象。事实上,这正是广告最重要的战略利益之一。但若想有效地利用媒介广告,就必须首先利用战略调查为创意人员制定出可遵循的蓝图。

广告对不同的产品种类甚至同一种类中的不同品牌的效果不会完全相同,也就是说,每个品牌都应该根据自己对特定消费者的需要、欲望和动机的了解来制定相应的创意规划。只有经过一段时间的正确培育,品牌资产才能建立起来。

2. 目标受众选择

创意组合的第二个要素是目标受众。没有哪个市场可以将所有人全部包容进去。因此,调查的主要目的是对某一品牌的目标市场与受众进行全面的了解,营销人员希望弄明白到底哪些顾客才是这种产品的主要用户,然后仔细研究他们的人口统计特征、地理特征、消费心态及购买行为。

任何新产品面临的最大困难,无一例外是预算问题,任何一家企业都不可能有足够的资金同时有效地覆盖所有地理定义或人口定义上的市场。因此,广告主便经常采用主导概念法,即调查哪些市场对产品销售最重要,然后集中精力瞄准最有可能获得广告优势的市场。

3. 媒介选择

为了制定媒介战略、选择媒介载体并评估其效果,广告主会进行媒介调查。媒介调查是广告调查的一个分支,广告公司通常向媒介调查公司购买调查资料,这些资料囊括了检测并发布广播、电视、报纸、杂志、网络等广告的到达率和效果评定。

4. 信息要素的选择

广告战略中最后一个要素就是信息要素。通过调查消费者对产品和品牌的喜好程度,企业希望找到大有前景的广告信息。例如,卡夫视频公司希望找到一些办法劝服家长从消费廉价品牌转化为消费中高端品牌。尽管他们的品牌在切片类奶酪产品中属于领导品牌,但公司仍然担心品牌没有跟上市场的整体增长。

(二)创意概念调查

企业一旦要制定广告战略,企业就开始为广告活动制定创意概念。在决定到底应该采用哪一个概念的时候,调查再次发挥作用。

从全部调查结果中,卡夫研究人员发现有两个广告概念能防止妈妈们受到竞争品牌的影响:第一,表现孩子们有多喜欢卡夫单片奶酪;第二,强调卡夫品牌单片奶酪含有孩子所需的钙。广告公司准备了两条实验性的电视广告,并就此举行了由妈妈们参与的小组访谈,希望得到妈妈们的反应。谈话在主持人的主持下进行,每个小组都观看广告,而他们对广告的反应则由玻璃后面的广告公司及卡夫的工作人员加以测量、记录并观察。马上,问题就浮出了水面:孩子们喜欢卡夫单片奶酪的这一条广告,但概念上不是很容易理解,宣称卡夫含有钙成分的这条广告又不是很有说服力。妈妈们说:"它当然含钙了,它是牛奶做的奶酪嘛。"于是广告公司不得不尝试寻找新的方法来传播信息。

广告公司将接受测试的广告融合在一起,创作了一条新的广告:几个小孩正在大口嚼着蜂蜜烤奶酪三明治,画外音说,五个孩子中有两个孩子摄入的钙含量不足。然后又做了几场消费者小组访谈来测试。这次,妈妈们都认为广告中孩子们狼吞虎咽三明治的场面传达了好味道的主题,但是五分之二的孩子缺钙的说法却让一些妈妈感到特别愧疚。

为了弱化这一信息,广告公司把旁白换成了女性,并引进了早期广告策略中曾用过牛奶仙子的卡通形象,从而使整条广告的调性不再严肃。

(三)事前测试和事后测试

广告预算往往是企业营销预算中最大的一块,这就是为什么广告主极其重视广告效果了。广告主想知道自己花了钱都能得到什么,自己的广告是否奏效,而且他们希望在他们的广告启动之前得到一些保证。

1. 测试的目的

广告主利用测试来确保其广告资金得到合理使用,这是他们的一个主要手段,可以防止严重的失误,尤其是在判断哪种广告战略或媒介最有效的时候,还可以使广告主对广告活动的价值进行一番衡量。

为了提高设计出最有效广告信息的可能性,很多公司都采取了事前测试。有些广告公司在向客户提交广告之前,会对所有广告文案进行事前测试,看是否存在沟通上的空白点或信息内容上的缺陷。如果不对广告进行事前测试,广告主就可能遭遇来自市场的意外反响。曾有公司因为没有进行事前测试,结果在广告推出后恶评如潮的先例。不过,大部分的不利反应都比较含蓄,消费者只是跳过广告页面或直接关闭,但销售却会收到隐性的不良影响。因此,在广告发布之后也必须对广告效果进行测试。事后测试也称为广告追踪,可以为广告主未来的广告活动提供有用的指导。

（1）测试有助于广告主制定重要决策

广告主运用事前测试帮助自己决定一系列变量,为了方便起见,我们可以把这些变量记为"5M",即产品（product）、市场（market）、动机（motive）、信息（message）和媒介（media）,其中许多变量在事后测试中也可以测量。不过,事后评测的目的是评估而不是诊断。

产品:企业可以在事前测试一系列因素,如包装设计、广告如何给品牌定位或广告传播产品特点的效果。一些调查人员采用一种名为"利益测试"的方法。他们向一组参加小组访谈的受试者展示产品的 10 ～ 12 个利益,以便从中发现这组人认为最有说服力、最令人信服的产品利益。

市场:广告主可以通过事前测试广告战略或某一特定广告在代表不同市场的受众人群中的反应,从中获得信息以指导他们修正自己的战略,将广告瞄准另一个市场。广告主希望通过事后测试了解自己的广告活动是否成功到达了自己的目标市场。知晓度的变化和市场份额的扩大是其中的两项指标。

动机:广告主无法控制消费者的动机,但却可以控制针对这些动机的广告信息。事前测试有助于广告主找到最能针对消费者需要和动机的好方法,事后测试可以评价效果如何。

信息:事前测试有助于判断出广告是优秀还是平庸,有助于站在客户的角度判断信息说了些什么,说得如何。广告主可以借此测试广告标题、正文、插图、字体或信息设计思路。最重要的是,事前测试可以为改进广告提供指导。

不过,事前测试也不是万灵丹,了解广告是否真正有效的办法还有通过不断的跟踪检测或事后测试。通过事后测试,广告主能够判断出人们看见、记住和信任广告信息的程度。消费者的态度变化、感觉变化和对品牌兴趣的变化、消费者对广告语的记忆或对广告主的识别均标志着广告的成功。

媒介:媒介广告的价格一直都在持续上升,新媒体的广告价格也没有标准化的计量方式去评估价值,因此,如今的广告主更有必要做到有的放矢。事前测试得到的信息会影响到媒介决策的几个方面:媒介种类、媒介细分、具体媒介载体、媒介版面与时间单位、媒介预算及排期标准。

媒介种类指对媒介进行较宽泛的划分,如印刷、电波、数字、直邮、户外等。通常,在同一大类下,如杂志、电视、网络等,又可分为几个媒介细分。具体的媒介载体指具体的某一个节目或刊物,媒介单位指一条广告的长度或大小,如半版、整版、15 秒、30 秒或 60 秒等。

广告发布后,事后测试可以判定媒介组合是否有效地到达了目标受众、传递了预期的信息。媒介排期也是一直困扰许多广告主的一个问题。通过事前测试,广告主可以测试消费者在不同季节、不同日子对某一产品广告的反应,还可以测试经常性广告是否比偶然性或一次性广告更有效,测试全年性广告是否比礼品购买季节的集中性广告更有效。

最后广告主还希望判定广告的总体效果,评估广告对其目标的完成情况。而事后测试最有助于明确是否应该继续发布广告、如何继续、有无更改的需要及未来的广告投入。

第二节　广告调查的步骤

一、形势分析与问题界定

调查过程的第一步就是形势分析和问题界定。许多大型企业设有自己的专属调查部门,营销部一般配有专门的营销信息系统,这是一套能连续不断地、有条理地提供制定营销决策所用信息的复杂程序,这些体系保证管理者在需要信息的时候能得到所需信息。

二、试调查的实施

调查过程的第二步是运用非正式调查,又叫作试调查,对市场、竞争和企业环境进行更深入的了解,以便更好地界定问题。调查人员可以与公司内部的知情人士和公司外部的批发商、分销商、零售商、顾客,乃至竞争对手探讨这些问题。谁最有可能提供最多的信息,就找谁了解。

调查信息分两种:初级信息与二级信息。就某一具体问题直接从市场中收集到的信息叫作初级信息,收集初级信息花费较高,所需时间较长。因此,在试调查阶段,调查人员往往利用二级信息。二级信息指公司或其他机构过去收集或公布的信息,通常不是为本目的而专门收集的,这种信息是现成的,收集二级信息比收集初级信息更快捷、更便宜。

(一)整理内部二级信息

企业记录往往是宝贵的二级信息资源。产品发货数字、公司收入、保修卡记录、广告费用支出、销售费用、顾客来信及与销售人员的会谈记录等,都是非常有用的内部信息。

周密的营销信息系统有助于调研人员分析销售信息,审核过去的跟踪调查,检验原来的营销调查信息。这些信息有可能产生出别致的标题或定位陈述。

(二)收集外部二级信息

用很低的代价,甚至无须任何代价都可以从政府部门、市场调查公司、贸易协会、各种商业刊物或电脑数据库中获得大量的信息,绝大多数大公司都可以从任何一家调查里了解到有关本行业的信息。比如作为某大型营养食品公司的广告经理,你准备向市场推出一种新的维生素品种,这时,你就可能要了解目前市场对维生素与别的食物补充剂的需求量、竞争对手数量、每家公司投入的广告数量及本行业面临的机遇与挑战。

但二级信息也存在一些潜在问题。信息可能过时，因而不能采用；许多信息和要解决的问题缺少关联性，有些通过调查获得的信息是错误的，因此结论不可靠；有时信息源本身可能也不可靠。此外，由于现在进入了大数据时代，可利用的信息大多都无法筛选，要将他们浏览完需要大量的时间。

三、设立调查目的

在试调查完成之后，企业可能还需要更多的信息，这时只能通过初级调查才能获得这些信息，如明确自己的顾客究竟是谁？他们对本公司和竞争对手的认识如何？而要做到这一点，企业必须首先要确立具体调查目的。

调查项目开始时，应该编制一份关于调查问题间接的书面说明。企业必须明确自己要做出的决策，为调查指明方向。一旦企业了解了情况，就能明确地设定具体的调查目的。例如，一家百货商店注意到自己的市场份额正在缩小时，也许会如下面案例那样表述自己的调查目的。

四、正式调查

如果某家企业想直接从市场上收集某一具体问题的初级信息，它可以利用正式调查。正式调查分为两种形式：定性调查和定量调查。

为了获得对市场、消费者或产品的总体印象，广告主一般会从定性调查入手。这种方法既可以使调研人员了解被抽取样本人口的观点，又可以了解问题本身。然后，他们可以运用实地调查或其他定量调查方法找出有关具体营销形式的确凿数据。富有经验的广告公司会在这两种方法之间保持平衡，巧妙地避免他们各自的缺陷并将两者结合起来。

五、调查结果的解释与汇报

调查过程的最后一个环节是对数据进行解释和汇报。调查的费用非常高昂，其主要目的是要解决问题。因此,最后的报告必须便于企业的管理者理解,并符合他们的需要。

图表很有帮助,但必须用管理者看得懂的语言加以解释。在报告中应避免诸如"方差模型的多元分析"这类专业术语,方法描述、统计分析和原始数据应控制在一份附录里。报告应对问题和调查目标进行说明,对结果进行小结,并最终形成结论。调查人员应该向管理层提出行动建议,报告应该以正规陈述的形式出现。这一方面便于管理层进行反馈,另一方面又可以突出重点。

第三节　广告调查的基本方法

一、定性调查的基本方法

为便于与他人交流自己的想法与感受,调查人员采用定性调查方法进行深入开放式的诱导,而不是做"是与否"的问答。有些营销人员将此称为动机调查。然而,无论问题设计得多么巧妙,有些问题依然会令消费者回答起来不太舒服。比如,在被问到为什么要买一辆标志身份地位的车时,很少有消费者愿意承认是因为该车让他们觉得自己是个有地位的人,他们多半会回答说是因为该车操控性好或性能可靠。定性调查一般采用投射方法或深度调查方法。

(一)投射法

投射法是指向受测试者提供意义比较含糊的刺激情境,让其自由发挥,分析其反应,然后推断其人格特征。广告主通过投射法来了解人们潜藏的或下意识的感觉、态度、兴趣、观念、需求和动机。调查人员间接地问一些问题,诸如你认为在此购物的人都是什么样的人?尽量让消费者无拘无束地表达自己对问题或产品的真实感觉。但这种方法要求调研人员必须具备老练的调查技巧。

（二）深度调查法

深度调查法又称作无结构访谈法或自由访谈法,它与依据事先设计的问卷和固定程序的结构式访谈不同,它只有一个访谈的主题或范围,由访谈员与被访者围绕这个主题或范围进行比较自由的交谈。要求调研人员小心对待、合理控制。在进行深度调查时,设计周密而结构松散的问题有助于访问员挖掘受访对象更深层的感受。

尽管深度调查法有助于揭示个体的动机,但这种方法代价高昂、费时颇多,而且老练的访问员也供不应求。

最常见的一种深度调查法就是小组访谈。在这种调查活动中,公司邀请六名以上人员作为目标市场的典型代表参加小组访谈,就产品、服务或营销状况等展开讨论。座谈会的时间一般以一个小时或更长为宜,由以经验丰富的主持人控制与会者的自由漫谈。与会者之间的互动会揭示出每个人对产品的真实感受或行为。通常在访谈者的背后还有另一批调查人员对小组访谈的实况进行记录、观察或录像。

参加小组访谈的人并不一定绝对代表真实的人口样本,但他们的反应却有利于解决以下几个问题:提供候选代言人的可行性资料,判定视觉元素和战略的效果,区别广告中哪些因素不够清楚、哪些承诺不太可信。小组访谈最好能与全面调查配合使用。事实上,从小组访谈获得的反馈往往有助于设计正式调查的问题。如果在全面调查之后进行小组访谈,则小组访谈可以使原数据更加充实。

二、定量调查的基本方法

广告主通过定量调查获得有关某一特定市场状况和形势的确凿数据。用于收集定量信息的基本方法有三种:观察法、试验法和全面调查法。

（一）观察法

调查人员运用观察法检测人们的行为,他们或许会站在马路边上统计经过某一路牌的人流量,或许会通过连接在电视机上的测仪器统计电视观众的数目,又或到超市观察消费者对某一产品的反应。大多数观察法调查都由大型独立营销调查公司来操作。

科学技术极大地丰富了观察的方法,附在每件消费者包装商品上由 12 位数组成的条形码便是其中之一。调查人员利用扫描仪阅读条形码,便可以得知正在出售的是哪种产品,其销售情况如何。条形码不仅可以提高收银台的工作效率和准确性,还能使店铺和生产厂家对库存进行及时调控,为店铺和生产厂家提供涉及价格、店内促销、优惠券及广告效果方面准确的售点信息。

(二)试验法

试验法是指有目的地控制一定的条件或创设一定的情境,以引起被试的某些心理活动进行研究的一种方法。调查人员利用试验法来测定真实的因果关系。这是一种科学的调查方法,调查人员将试验组的刺激加以改变,然后将其结果与未改变刺激的控制组的结果进行比较。这种调查方法一般用于新产品上市或新广告活动启动之前。营销人员选择一个孤立的地理区域,我们将其称为试验市场,只在那个地区推出产品。也可以在面向全国铺开之前,先在那个地区进行新广告活动或新促销活动的试验。比如,广告主可以在甲地投放某条新广告,但却不在乙地投放,然后将两地的销售情况进行比较,从而判断广告效果。不过,在运用这种调查法时,调查人员必须进行严格的控制,只有这样,才能准确地判断那些影响结果的变量。但因为每个营销变量并不容易控制,因此这种方法比较难以实施,且费用高昂。

(三)全面调查法

全面调查法是指广告主为了定期取得系统的、全面的基本统计资料,按一定的要求和表式自上而下统一布置,自下而上提供资料的一种统计调查方法。调研人员通过询问现有的或潜在的顾客来获得有关他们的态度、想法或动机方面的信息。全面调查可以通过人员面访、电话、邮寄或互联网的形式来实施,每一种方式都有明显的优点和缺点。

三、测试广告的基本方法

虽然没有绝对精确的方法可以预测每条广告的成功与失败,但只要运用得当,事前测试与事后测定可以给广告主提供有用的信息。

(一)事前测试

广告主经常运用各种定性调查方法和定量调查方法测试广告受众喜欢的程度和消费者对广告的理解情况。

例如,如果现在测试的是平面广告,那么广告主往往会直接提问:这条广告对你说了些什么? 这条广告是否能使你对本公司产生任何新的或不同的认识? 如果会,是什么? 广告是否反映了你想参与的活动? 广告可信吗? 广告是否影响到你对其宣传的商品的感受? 有什么影响? 你喜欢这些广告吗?

通过直接提问法,调查人员可以推导出受访者的全部反应,进而推断出广告信息对文案关键点的传递力度。在广告创作早期,用直接提问法测试备选广告效果尤其明显。在那个阶段,调查对象的反应和信息最好掌握。平面广告的事前测试方法很多,如小组访谈法、优点排序法、对比法、模拟杂志法、直邮调查法等。

有几种专门用于事前测试广播和电视广告的方法,例如,中心场所测试法、混杂测试法。中心场所测试法向调查对象播放被试广告,地点一般是在购物中心,在播放之前和播放之后均会向调查对象提出一些问题。混杂测试法是将被试广告与其他非竞争性的、非测试性广告放在一起,播放给调查对象看,以此来判断广告的效果,测定调查对象的理解变化与态度变化,发现广告的弱点。

事前测试的方法很多,我们不能说哪种方法是最佳方法,不同的方法测试不同的方面,每种方法都各有优劣势,这对广告主无疑是一个巨大的挑战。

事前测试有助于区分强势广告和弱势广告。但由于测试是在人工状态下进行的,因而调查对象有可能假设自己是专家或评论家,答出无法反映其真实购买行为的答案;此外,他们还有可能为迎合访问员而捏造观点,或者不情愿地承认自己受到广告的影响,又或支持他们认为自己喜欢的广告。

调查人员在要求人们给广告排序时碰到了不少问题,调查对象往往把给他们留下最佳印象的广告列为第一名而不计其余。另外,调查对象对涉及购买行为问题的回答也可能不可靠,因为购买意向不等于购买事实。

虽然有这些困难,但归根结底涉及一个字——钱。小广告主很少进行事前测试,但他们的风险也不会很大;如果广告主投入上百万资金制作新广告,那么必须进行事前测试,确保新广告有趣、可信、受人欢迎、便于记忆,进而提升品牌形象。

(二)事后测试

事后测试一般比事前测试费用更高,也更费时,但它可以在真实的市场状态下对广告进行测试。与事前测试一样,广告主在事后测试中同样也采用定性方法和定量方法。大多数事后测试技术可归为五大类:辅助回忆法、自由回忆法、态度测试法、查询测试法和销售测试法。

辅助回忆法:可以唤起调查对象的记忆,向他们展示特定的广告,然后问他们过去是通过什么途径接触到这些广告的。是读到的? 看到的? 还是听到的?

自由回忆法:不经提示,问调查对象是否看过或听到过某个广告信息。

态度测试法:用直接提问、语义分化法或松散问题测试调查对象在看过广告后的态度变化。

查询测试法:向某一广告的读者或观众分发额外的产品信息、产品样本或优惠券,反响最强烈的广告一般效果也最好。

销售测试法:对已实现销售的广告进行测定,将销售情况与广告力量进行比较;用控制试验测定不同市场的不同媒介;用消费者购买测试测定某一广告带来的销售量;用店面库存审核对照零售商库存在广告前后的存量变化。

有些广告主运用态度量法来衡量广告为本企业及其品牌或产品树立有力形象的能力。通常来说,如果消费者的态度是往有利的一面改变,他们购买本公司产品的概率就增大。

综上所述,每种事后测试法通常比回忆法更有成效。态度的变化与产品购买的关系更为密切。掌握了消费者的态度变化,经营人员就更有信心在知情的状况下制订广告计划。遗憾的是,很多人觉得明确和表达自己的态度是件很困难的事。对于成熟的品牌,品牌兴趣也许更能说明销售情况。很早以前,广告主已经开始着手这方面的评估了。

查询测试法是指消费者对广告反应表现为进一步寻求信息或索取免费样品,这能够测试某条广告引人注目的能力及其可读性和可理解性,还能使人较好地控制驱动阅读者行为的变量。用查询测试法来测试小版广告也比较有效。

遗憾的是,查询测试法有时也不能完全反映消费者对产品的真实兴趣,而且有时要好几个月才能得到反馈。如果广告是企业营销计划的主体或唯一变量,则销售测试法比较能反映广告的效果。然而,通常影响销售的还有为数众多的其他变量。销售反馈可能不及时,而销售测试尤其是实地调查往往成本较高、费时较长。

不过,对于商品来说,由于零售终端扫描仪的普遍使用,销售测试的成本已经大大降低。最后,销售测试法更适宜于判断广告活动的效果而不是某条广告或某个广告的效果。

第四节　广告调查中的重要问题

假设现在你计划推出一种新玩具,你想判断市场对它的态度,这个市场由1 000万个个体组成。你将样品拿给5个人看,其中4个人说喜欢,相当于有80％的有利态度。但是,这个试验真实有效吗?几乎可以说无效。具有效度的试验,结果不应该有任何偏向,应该反映出市场的真实状况。5个人还不足以构成最小的样本量,因此,即便你让5个人看过你的玩具,他们的反应结果也可能产生偏差。

如果你用另外 5 个人重复这一试验,你就有可能得到完全相反的答案。因此,你的试验还缺乏信度。要让试验可靠,该试验就必须可以重复。也就是说,每次试验的结果应该比较接近。

信度与效度有赖于几个关键因素:抽样方法、调查问卷设计、数据制表与分析方法。

一、抽样方法

企业很想了解消费者在想些什么,但又不可能每个人都问到,可是调查又必须反映潜在顾客总体的情况。于是调查人员要从这些人中挑选出他们希望能代表母体特点的样本。要实现这个目的,他们必须明确:要调查谁? 调查多少样本? 如何挑选调查对象? 因此,确定样本单位,即被调查的个体、家庭或企业显得格外重要。

抽取的样本量要足够大,这样才能保证调查的精确性和稳定性。一般来说,样本量越大,其结果越可靠。不过,样本量即便很小,小到只占人口的 1%,只要抽样方法正确,也可以保证其信度。抽样的方式有两种:随机概率抽样和非概率抽样。

由于母体中每个人被抽中的机会均等,因此,随机概率抽样的准确度最高。例如,如果调查人员想了解某一社区对某一问题的看法,他就可以随机在该社区中选取部分成员。但这种方法也有其难点,就是必须对每个单位进行了解、登录和编号,这样才能保证每个人被选中的机会均等。这是一项费用大得惊人,有时甚至不可能完成的工作,尤其是为全国性产品的客户进行这种调查的时候。

二、如何设计问卷

设计一份好的调查问卷需要大量的专业知识,如果问卷设计得不好,便会出现较多偏差,受人指责。较为常见的错误包括:问题类型错误、问题过多、问题形式错误或用词错误。

让我们看一下这个简单的问题:"你使用哪种肥皂?"调查对象搞不清楚这里的"肥皂"指的是什么,是手洗肥皂、洗衣皂还是香皂?"哪种"又表示什么?指品牌、种类、大小?最后"用"又是什么意思?在什么时间什么场所用?实际上,一个人可能会根据不同情况使用好几种不同的肥皂。因此,这个问题不可能有准确的答案。更糟糕的是,如果消费者真的回答了这个问题,调查人员也不会明白答案的确切含义,得出的结论便很可能不准确。出于上述原因,调查问卷必须先经过测试。

有效的调查问题应该具备三个重要属性:重点突出、简洁、明确。问题必须围绕调查的主题,尽可能简短,表述简单而清楚。

三、数据制表与分析

收集好的资料必须经过证实、编辑、编码和制表,要对答案进行检查,剔除错误的和不一致的。例如,某人的答案使用的是"两年",而另一人的答案使用的却是 24 个月。这类答案必须修改成统一的单位,才能编制出正确的图表。如果问卷显示答卷人对问题有误解,这份答卷要剔除。最后,对数据要进行计算和总结,此项工作一般由专业软件来辅助完成。

很多调查人员喜欢运用多变量的交叉分析。SPSS、SAS 这类软件可以使小广告主和大公司一样具备在个人电脑上编制图表和运用高级统计技术的条件。现在,多变量交互制表已成为主流,但调查人员必须利用专业技术和想象力来挑选那些表现出强烈关联性的数据。如果样本量小,使用多变量交叉分析会明显降低样本的信度。

第四章　广告创意策划

第一节　平面广告创意

一、平面广告概述

广告早已成为人们生活中不可或缺的内容,无论是手机、电视、地铁还是电梯……我们随时都能接受到广告信息,它已经渗透到我们生活的方方面面。移动互联时代不仅对信息传播速度有了新要求,也为视觉营销(visual merchandising)提供了更多的机会,通过视觉冲击和感官体验提升消费者兴趣,再与广告文案进行有效配合,从而达到广告营销或品牌推广的目的,这也是平面广告创意的初衷。

(一)平面广告的构成要素

图形、文字、色彩作为平面广告的三大构成要素,在广告创意中扮演着重要的角色。

1. 图形

图形是介于文字与绘画之间的视觉语言,在平面广告的构成要素中,图形是最重要的。首先,图形比文字、语言给人印象更深刻,因为人们对图形的注意率比文字要高出 56%,图形相较于文字和语言更容易让人记住。其次,图形以视觉语言来表达产品的属性,更形象、更直观,弥补了文字传感的不足,更有说服力。最重要的是,图形能够快捷地传达信息,直观地诠释广告内容,以丰富的视觉表现力呈现给受众主体信息,从而引发受众兴趣点,推动消费。因此,要发挥平面广告的优势,必须在图形上做好突破点。

如何将平面广告中的图形做到统一性、创意性、直观性? 可以从照片、绘画、卡通漫画和绘图四个方面入手。

（1）照片

照片是平面广告中运用最广泛的形式。无论是报纸、杂志，还是路牌、招贴、直邮、POP（卖点广告），都可以使用。广告中的照片一般有产品陈列照、使用效果照及产品宣传照等。

（2）绘画

绘画是运用色彩、线条、形象等艺术技巧来传递广告信息的一种视觉语言。广告绘画可以是油画、水彩画、水墨画，也可以是版画、素描画或速写画等。绘画不同于照片，它擅长于营造一些夸张氛围。

（3）卡通漫画

卡通漫画是运用拟人手法把没有生命的东西赋予人的性格和形象，从而传达广告的概念，或者利用童话中的人物作为产品形象符号，引发消费者的联想，继而产生好感。卡通漫画极具幽默性和滑稽性。

（4）绘图

绘图即示意图。为了表明某些产品的工作原理，或者某种药物对人体机能的作用，又或展示商品房屋的图纸及建筑设计，再或一般绘画和照片都难以表现出来的内部构造时，采用机械制图或建筑蓝图图解式来描绘图形，使复杂的现象条理化，抽象的概念形象化，从而使不易被了解或不易被说清的广告信息得以形象化地表述。

2. 文字

文字是平面设计中不可缺少的核心要素，文字设计的好坏直接影响视觉版面传达的效果，文字的表现是一个细致并且增彩的部分。在我们进行平面广告的字体设计时，要考虑字体、字号的选择及文字的编排。

（1）字体

字体又称书体，是指文字的风格式样。字体是文化的载体，不同字体给人的感觉也不同。中文字体分为印刷体、美术体、书法体三类。

①印刷体。主要有宋体、仿宋体、楷体和黑体。运用最广泛的是宋体,它的字体特征秀丽典雅,多出现于正文或标题中。黑体,它的特征是横竖笔画等宽,粗壮笔挺,适用于说明书等广告标题。楷体,它的特征是笔画清晰,适用于说明性文字。

②美术体。是一种艺术性和装饰性的字体,它的特点是美观、有创意、有区位,它不仅有很强的视觉表现力度,还有很高的审美价值。除了宋体美术字、黑体美术字,平面广告中出现最多的就是变体美术字,它在一定程度上摆脱了字形和笔画的约束,它包含装饰美术字、形象美术字、立体美术字等,具有生动、灵活、有吸引力的特点。

③书法体。主要有草书、行书、楷书、篆书、隶书。书法体如今用在了很多综艺节目或者潮流主题上,有了很多新的应用,比如2013年快乐男声的视觉字体叶根友系列字体的兴起。篆书的特点是给人信赖感,草书能创造出一种高雅不俗的气氛,从而增加广告的表现力。

在选择字体的时候需要注意:一是必须与产品的主题和特性及整体协调性保持统一,如果字体的风格和广告风格不能统一,就会打乱整体的协调性;二是同一幅画面中,字体不宜过多,一般不超过3种,否则画面会显得杂乱无章。

(2)字号

字号是指文字的大小。在设计中,画面需要有层次对比关系。字体要讲究层次,字号也需要讲究层次的编排。字号没有规定最大值,但是需要有大小的对比。假如画面以图形为主体,字号不宜过大,不能抢占主体;假如画面以文字为主体,特殊突出字体可以放大化。如平面广告中字号最大的一般是广告标题,其次是副标题或广告语,接着是正文,字号最小的是附文。

(3)文字编排

文字的编排是指文字的位置、线条形式和方向动向。常见的编排形式有横排、竖排、斜排。以下是常见的文字编排方式。

齐头齐尾的编排方式。这种编排方式运用最广泛，整齐并且具有一定的规格性，多运用在书籍里面。

齐头不齐尾的编排方式。这种编排方式轻松活跃，多运用在英文编排里面或者一些贺卡内文文字。

居中的编排。这种编排方式是一种高雅的编排方式。运用频率仅次于齐头齐尾的编排方式，多运用在海报、H5活动页。

沿着图形编排。这种编排方式是一种自由活跃的编排方式，一般用于比较活跃的视觉。比如围绕主体图形进行文字绕排，起到活跃氛围的作用。

3. 色彩

人们对不同的颜色有不同的理解，一幅优秀的设计作品，它的色彩搭配必定和谐得体，令人赏心悦目。85％的消费者会把色彩作为他们购买过程中首要的因素，色彩还能将品牌的辨识度提升80％。色彩有很强的冲击力，色彩可以增加广告内容的真实感，色彩有感情和象征意义。因此，巧妙地使用色彩跟受众搭建起沟通的桥梁是广告设计师需要掌握的技能，想得心应手地运用色彩进行平面广告创意，必须了解色彩的色环、色调、色相等知识。

（1）色环

①原色。原色是指红、黄、蓝三色，其他各色都是由这三种颜色混合而成。

②间色。三原色中任何两种颜色混合而成的为间色，又称为第二次色。间色为橙、绿、紫，如红＋黄＝橙，蓝＋黄＝绿，红＋蓝＝紫。

③复色。任意两种颜色混合为复色。等量相加的颜色得出标准复色，两个不同比例的间色混合会产生出许多不同纯度的复色。

④同种色。在同一种颜色中加入不等量的黑色或白色所产生的深浅不同的颜色，称为同种色。

⑤同类色。同类色是指色相类似的色彩，如蓝色系里面的普蓝、钻蓝、湖蓝、

群青等,黄色系里面的柠檬黄、中黄、土黄等,红色系里面的朱红、大红、玫瑰红等,都属于同类色。

⑥类似色。类似色又叫邻近色,在色环上任意 60 度以内的颜色,各色之间的共同色系,称为类似色。

⑦对比色。对比色是指在 90 度范围外的颜色所对应的颜色。

（2）色调

色调是指色彩的浓淡、强弱程度。有以下几种分类方式:

按色相分有红色调、黄色调等;

按明度分有明色调、暗色调;

按纯度分有高纯度色调和低纯度色调;

按色性分有冷色调、暖色调。

（3）色彩三要素

色彩的三要素分别是色相、明度、纯度。

①色相。色相是色彩的首要特征。它是指色彩的不同样貌、特征,是区别色彩的主要依据。

②明度。明度是指色彩的明暗深浅度。在无色系中,明度最高的是白色,最低的是黑色。在白色系中,黄色接近白色,明度最高,紫色接近黑色,明度最低,绿色为中间明度。明度是影响最大的色彩因素。高明度的画面给人轻松活跃的视觉感受,而低明度的画面给人低沉、厚重的视觉感受。

③纯度。纯度又叫饱和度,是指色相的鲜艳程度。色彩中原色的纯度最高,间色次之,复色纯度最低。任何一个色彩的色相、明度变化都会影响到它的纯度,当加入白色或黑色时,明度就会降低,纯度也会随之降低。

（4）色彩的心理感觉

不同色调会给人带来不同的心理感受。

①色彩的冷暖感。在色环中,紫色是中间色,红、橙、黄属于暖色,绿、青属于

冷色。如红色让人热情、橙色给人温暖、蓝色使人忧郁、黑色让人神秘。

②色彩的轻重感。明亮的颜色显得轻,而灰暗的颜色显得重。色相轻重排布依次为白、黄、橙、红、绿、蓝、紫、黑。

③色彩的收缩感。冷色、深色具有收缩感,暖色、浅色具有扩张感。

④色彩的空间感。明度的层次:明度高的色彩会跳到上面,明度低的色彩容易退后;纯度的层次:纯度高的色彩跳向前面,纯度低的色彩退向后面;冷暖的层次:暖色在前,冷色在后。

（5）色彩的搭配

色彩是最能够吸引人的认知元素,三原色能够调和出非常丰富的色彩,色彩的搭配更是千变万化。进行平面广告创意时,我们应该了解广告目标,思考色彩对广告场景表现和情感传达的作用,从而有力地构建平面广告的色彩搭配方案。

①色彩相差的配色方式

同色系主导。同色系是指主色和辅色都在同一色相上,这种配色会给人画面统一感。通常符合信息类产品,通过颜色的深浅来承载不同的层级关系,不同的层次代表不同的任务属性。

邻近色主导。邻近色配色是比较常见,也是很和谐的配色方式。一个画面里面,同色系有时显得过于单调,采用邻近色画面不会那么单调。

类似色主导。类似色也是常用的配色方法,对比没有那么强烈,给人平静、和谐的视觉感受。例如红、黄双色主导页面,一主一辅,主次分明。

对比色主导。对比色需要精准地控制色彩的搭配和面积,其中主导色会带动页面气氛,产生激烈的心理感受。利用颜色的强烈对比突出亮色系优先级,增强画面气氛。

中性色主导。中性色作为基调搭配,常应用在信息量大的画面上,突出内容,不会受不必要的色彩干扰。这种配色通用性高、经典。

②色调调和的配色方式

清澈的色调。清澈色调使画面非常简洁。互补的色相搭配在一起,统一色调的手法将缓和色彩之间的对比效果。

阴暗的色调。阴暗的色调渲染的场景氛围是一种降低色彩饱和度使各色块协调并融入场景的一种表现。

明亮的色调。明亮的色调饱和度高,纯度高,凸显整个画面活跃清晰,热闹的色彩氛围就像叙述着一场庆典,需要注意的是,这种高纯度的画面不适合长期浏览,易产生视觉疲劳。

深暗的色调。深暗的色调以深暗灰色调为主,不同色彩的搭配,显示整个画面的厚重与精细,像有着不同的故事情节一样。

雅白的色调。雅白的色调使整个画面显得明快、温暖、温馨。

平面广告具有凝动于静和删繁就简等特点,这使得平面广告的创意方法和其他媒体不尽相同。要成为一名优秀的平面广告创意人,不仅要从图形、文字、色彩的角度进行思考,也要学会如何遵循其中的原则和方法。

(二)平面广告的构图法则

平面广告是传递信息的一种方式,是广告主与受众之间的媒介。因此,快速地传达给受众精准的信息尤为重要。平面广告是一种图文并茂的广告形式,从空间角度来看,平面广告泛指现有的以长、宽两维形态传达视觉信息的各种广告媒体的广告;从制作角度来看,平面广告可分为印刷类、非印刷类、光电类三种形态;从使用场景角度来看,平面广告又可分为户内、户外及携带式三种形态;从设计角度来看,它包含图形、文字、色彩、版式等要素。好的平面广告不但要给受众简洁明了的信息,还要在创作手法上不断地更新与创新,出其不意的创意性广告才能够吸引受众关注产品。

平面广告的构图是指对广告的文案和图案要素进行版面设计,即如何合理地将广告标题、正文、广告语、插图、商标等元素在广告中布局,将创意理念和广告信息以完美的视觉形式传达给目标受众。良好的广告构图能为广告主题服务并达到最佳传播效果。平面广告的构图法则主要包括四个方面。

1. 变化与统一

变化与统一也叫多样与统一,就是在事物进行变化的过程当中,讲求事物的规律、统一性。如果只追求变化,不讲求统一,那就会杂乱无章;如果只讲求统一,不讲求变化,也会显得特别的死板,所以,两者是相辅相成的关系。在设计过程当中,在变化中统一,在统一中变化。

2. 对称与平衡

对称在生活中处处可见,如我们生活中常用的生活物品等。人们对于对称、规律性的事物总能产生舒适感,如建筑的外形设计大多采用了对称的方式,有着艺术美,给人稳定感。

平衡也叫均衡,它没有对称的结构,但是有对称式的重心,平衡指的不是形的对称,而是力的对称,一幅平衡的设计作品,要有重心感,抓住图形的平衡感、色彩的平衡感、空间的平衡感,这样才能创作出生动的作品。

3. 条理与反复

条理与反复是平面广告版面构成的重要原则,是构成秩序美感的重要因素。

条理是指对事物进行有规律的安排,当我们遇到了很多杂乱无章的事情的时候,做好分类,把一件件事情按轻重缓急排列好,事情做起来就会有条理多了。平面广告创意也同样需要有规律、有条理地制作版面,注意严肃与活泼的搭配。

反复是指相同或相似的事物不断地重复和出现的一个过程,给人一种整齐、规整的感觉。如阅兵的时候,一排排、一列列的士兵迎面而来。相同反复给人产生规整感,而相似反复给人统一中有变化的感觉。反复还分为单纯反复和多次反复,单纯反复指的是在排列上没有变化,给人整体感和秩序感;多次反复指的是在排列上有变化,有反复,但是在元素上没有变化,这样能使受众产生节奏感。

4. 对比与调和

对比是将两种事物放在一起做比较的一种方式,可鲜明地展示双方各自的特性,增强画面的冲击力和视觉影响力。调和是把构成强烈对比的两种事物进行调和,协调统一,使之平衡。在平面广告创意作品中,对比中需要有调和的内容在里面,才能使整个画面协调、平衡,在对比中有变化,才显得画面没有那么死板、单调。

二、平面广告创意的原则和方法

(一)平面广告创意的原则

一个好的广告,都有一个独特的创意。平面视觉广告设计运用创意图形和广告文案表现商品的特点和属性,最终达到商业的推销目的。平面视觉广告设计必须遵循一些原则,要敢于思考,出其不意,创作设计出来的作品才能够真正吸引受众,促进广告宣传。

1. 独创原则

平面创意设计应该具有创造性、想象力、直觉力、洞察力,以自身的智慧和思维来进行说服和说明设计。平面创意思想的独特,表现手法的独特及传播方式的独特,又或者是销售主题的独特都能给受众带来新的视觉感受。

2. 促销原则

广告创意的最终目的是为了更好地促销产品,广告促使消费受众产生心理上、感情上或行动上的反应,或者说是一种视觉传达的过程。创意设计与广告的目的是一致的,既需要想象力又不能让想象力漫无目的。设计师应利用自身的想象力挖掘创意,使广告主题或所要传达的信息更生动、更有说服力。

3. 印象原则

广告创意不仅要简洁,更需要给人留下深刻的印象,生动逼真。平面创意设计作品如果能引起人们的共鸣感,激发他们的好奇心,产生购买欲望,最终达到促销的目的,那它就是一幅好的广告作品。

4. 传承原则

延续品牌节奏。一个品牌,在没有形成认知度之前,它的产品一般都带有自身的情感色彩或属性。因此,很多客户都会为自身所创的品牌制定一些品牌精神。从客户角度考虑,他们想把品牌传承给用户,让用户有印象,会记住并主动传播。因而,当广告公司服务客户时,在广告创意过程中,应该把品牌的传承性考虑进去。

5. 共鸣原则

与人情感共鸣。平面广告创意来源于人对品牌相关信息的理解和产生的思想和印象,因此,广告的创意需要富有情感性从而增加受众的关联性,它要达到的目的是要让客户产生认同感,让消费者产生认同感。一个广告创意是否成功,从消费者的角度出发,情感因素就是一个基本评判标准。因此,产品的命名、品牌的核心卖点的提炼、广告语等是创意的开端,而评判创意性,是确认产品能否让人产生情感共鸣。

6. 操作原则

能够有效执行。很多设计师在设计的构思中都有天马行空的创意和想法,但真正实施起来,发现并不可行。创意不是想出来就可以了,创意需要实际的可操作性,假如不能实际应用,那这样的创意也是无济于事。因此,可操作性最基本的做法就是要同时考虑视觉表现和落地执行两个方面。

(二)平面广告创意的方法

平面设计以"视觉"作为沟通和表现的方式,其吸引人的元素可以是图片、文字或符号。设计师如何从创新的角度实现创意设计?以下是一些广告创意设计方法。

1. 平面广告创意方法总述

(1)直接展示法

例如某汽车广告,广告将汽车舒适度直面地展示在产品上,寓意该车型舒适、宽敞,运用摄影、PS 等技术表达一种真实的写实表现能力。汽车驾驶座位的通透度,渲染了产品的性能、形态和功能用途,将产品的质地直面地呈现出来,给受众逼真的现实感和信赖感,使消费者对该产品产生一种亲切感和信任感。这种手法称为直接展示法。由于直接将产品展示给消费者,所以要十分注意画面上产品的组合和展示的角度,我们通常见到的直接展示法大部分都会用在汽车、数码电器等广告作品上。展现直接展示法的效应,应着力突出产品的品牌和产品本身最核心的属性,运用背景烘托产品,使产品置身于一个感染消费者的空间维度,这样才能增强广告创意的视觉冲击力。

（2）突出特征法

例如头痛药广告,它以简单的人物头像为主画面,而画面的焦点就是钉入额头中的钉子,有种"看着都疼"的既视感,洞察精准,直击目标人群心灵。突出特征法运用各种方式抓住和强调产品或主题本身与众不同的特征,并把它鲜明地表现出来,将这些特征置于广告画面的主要视觉部位并加以烘托处理,使观众在接触画面的瞬间就能感受到,对其产生注意和发生视觉兴趣,达到刺激购买欲望的促销目的。在广告表现中,这些应着力加以突出和渲染的特征,一般由富有个性的产品、厂商的企业标志和产品的商标等要素来决定。突出特征的手法也是我们运用得十分普遍的表现手法,是突出广告主题的重要手法之一,有着不可忽略的表现价值。

（3）对比衬托法

对比是一种趋向于对立冲突的艺术美中最突出的表现手法。它是一种将产品的形态、特点、样式直接对比的一种表现方法,通过衬托,从对比所呈现的差别中达到集中、大小、疏密的变化。对比手法的运用,不但使广告产品主题性加强了,更增强了广告作品的感染力,展示了广告主题表现的不同层次和深度。

（4）合理夸张法

夸张法是指相对于正常状态之下的反其道而为之的一种表现方法,将本身微小的事物扩大化。通过产品的这种诉求,加深并扩大了受众对产品特征的认识。合理夸张法能更鲜明地强调或揭示事物的实质,提升广告的视觉效应。

(5)以小见大法

在平面广告创意中对产品进行强调、取舍、浓缩,以独到的创意想法抓住一点或局部加以放大又或集中描绘,以这种方式更好地表达主题思想。这种艺术手法以小见大,给设计者带来了无限的表现力,同时为受众提供了无限的想象空间,获得生动和丰富的联想。

2. 平面广告中的图形创意

(1)同构

同构图形是设计师通过合理的逻辑思维,将两种或多种没有任何表面联系却有内在联系的物体进行组合,创造出的新形象。同构图形要求组合后的新形象要给人以和谐、自然的感觉。

(2)正负

正负图形是指正形与负形之间相互依存、相互借用,形成在一个大图形结构中隐含着两个小图形的一种创意图形。一般来说,正负图形由图形和衬托图形的背景两部分组成。

(3)悖论图形

悖论图形是指将合理的和固定的秩序展现成多维空间的平面广告。

3. 平面广告中的文字创意

汉字,是中国文化之精髓,凝聚着中华上下五千年的精美艺术,是中华文化的瑰宝。在进行平面广告创意的时候,对汉字进行创意,通常也能起到很惊艳的效果。

三、不同媒介平面广告的创意要领

媒介是指将信息传播给大众的工具,它是生产者和消费者之间的中介物。信息必须借助媒介,配合以图片、文字、色彩三种最有力量的传播符号互相补充说明。媒介一般分为三大类:视觉媒介、听觉媒介和视听两用媒介。广告只有通过媒介传播出去,才能发挥其效应。视觉媒介是平面广告创意的载体,常见的平面广告包含报纸广告、杂志广告、户外广告、招贴广告和DM广告等。下面,将针对不同媒介的平面广告创意的要领进行分类学习。

(一)报纸广告创意要领

在传统纸质媒介中,报纸无疑是普及性最广和影响力最大的媒介之一。报纸广告几乎是伴随着报纸的创刊而诞生的。随着时代的发展,报纸的品种越来越多,内容也越来越丰富。与此同时,报纸的版式更灵活,印刷更精美,报纸广告的内容与形式也更多样化,也涌现出一批有创意、互动性强的报纸广告,拉近品牌与读者的距离。

1. 报纸广告的主要特点

(1)报纸广告的优点

①广告信息传递及时。对于大多数报纸来说,都是每天进行更新的,如日报和晚报。除了手机,报纸几乎是人们一天当中最早接触到的媒介。因此,一些时效性强的广告,如新产品上市或具有新闻性质的产品广告,都非常适合通过报纸媒介及时地将信息传播给消费者。

②广告信息量大。报纸广告以文字符号为主,图片为辅,信息容量较大。由于以文字为主,因此报纸广告说明性较强,对于一些关心度较高的产品来说,可利用报纸说明性的特点详细告知消费者有关产品的特点。如报纸中常见的《汽车专刊》,会利用较多的版面对汽车品牌、性能、价格进行详细介绍,尤其是报纸软文广告,往往会达到意想不到的效果。

③广告受众广。报纸广告简单、易懂,受众范围广。移动互联时代,报纸广告的创意性和互动性越来越强,其受众也从原来的政府机关、企业职能部门、居家老人向年轻受众扩散。此外,报纸媒介具有较好的保存性,而且易折易放,携带十分

方便,因此,报纸广告的信息传递往往不是一次性的,通过报纸的传阅,报纸广告的覆盖率会随之增大。优秀的报纸广告也很容易被二次传播,在网络平台引发受众讨论。

④广告可信度高。虽然报纸广告的印刷效果一般,但大多数报纸创刊早,且由党政机关部门及知名报业集团主办,在受众中具有较强影响力和威信,如《人民日报》《南方周末》《北京青年报》等。因此,在报纸上刊登的广告往往使消费者产生信任感。

(2)报纸广告的缺点

①广告注意度不高。在一份报纸中,有很多栏目,也有很多广告,它们同时吸引读者的注意。因此,只有当你的广告格外醒目时,才容易引起读者的注意;否则,读者将会视而不见。一般而言,除非广告信息与读者有密切的关系,否则读者在主观上是不会为阅读广告花费太多精力的。一般来说,读者阅读报纸广告标题或口号的可能性比较大,而详细阅读广告正文的可能性相对较小。但如果是消费者感兴趣的产品或品牌,他们就会对广告内容进行全面而彻底的了解。

②广告表现形式单一,视觉效果一般。受报纸媒介材质的限制,报纸广告的创意形式一般比较简单,且印刷质量较差。近年来,报纸的印刷技术在高新科技的支持下,不断得到突破与完善,报纸广告的视觉效果也在逐步提升。但到目前为止,报纸仍是印刷成本最低的媒介。所以,报纸的印刷品质远不如杂志、直邮广告和招贴海报等。而依附报纸生存的报纸广告的效果也会因此受到一定影响。

2. 报纸广告的创意要求

综合报纸广告的优缺点,报纸广告创意的重点应该放在文字和插图上。应尽量通过简单、直接的信息与消费者进行沟通,视觉设计上也不要过于复杂和花哨。具体包含以下几点。

(1)主题鲜明,诉求突出

报纸上各类信息繁杂,因此,在进行报纸广告创意时,务必紧扣主题,突出广告诉求,只有这样,你的广告才能在茫茫"字海"中脱颖而出,读者也能在最短的时间内明白你要表达的重点。而在版式设计上,同样力求简单、直接,因为报纸媒介的受众范围广,各种年龄、职业人群均包含在内,因此报纸广告的创意大多通俗易懂。

（2）内容统一,形式醒目

报纸广告创意的下一步就是根据明确的主题和诉求,对图文进行梳理,并用最好的方式呈现出来。如蜜丝佛陀（Max Factor）这则报纸广告中的正文和附文一起为广告主题和诉求服务——"我们坚信,每个女生都能创造独一无二的你",充分表明该品牌带给你的美不只是外在的,而是从内而外独一无二的美。

此外,虽然报纸广告印刷效果相对较差,但并不意味着报纸广告不能在视觉上进行创意。报纸广告的颜色选择包含黑白广告、套色广告和全彩广告三种,研究数据表明:在报纸广告中套印上红色,可将黑白广告的注意程度提高50％,而采用全色广告其注意程度可比黑白广告提升70％。

（3）制造悬念,加强互动

如今的报纸广告已逐渐脱离单纯的硬广和软广形式,而向互动式广告进发,这也是移动互联时代报纸广告创意最大的特征和要求。在新媒体的井喷式发展下,传统媒介领头人之一的报纸也必须与时俱进、推陈出新。因此,报纸广告的创意要充分结合这一新的形式,通过广告中的文字和图片与消费者"打招呼",通过悬念的设置或互动的加入吸引读者主动阅读广告,甚至进行自主传播。

（二）杂志广告创意要领

杂志也是平面广告的重要载体。尽管与报纸广告相比,杂志广告时效性更低、覆盖面更窄,但由于它印刷精美、受众精准,往往能取得良好的效果。与报纸广告创意不同的是,杂志广告创意的表现形式会丰富很多,因媒介质感上的优势,杂志广告视觉冲击力强,广告形式呈多样化。而且杂志种类繁多、针对性强,杂志广告会根据目标受众的特征开展更有效的创意。

1. 杂志广告的主要特点

（1）杂志广告的优点

①广告受众精准，针对性强。杂志种类繁多且专业性强，虽然它与报纸同属于印刷媒介，但报纸以新闻报道为主，而杂志是以各种生活知识、时尚知识和科普知识等来满足不同类型读者的需要。所以，杂志广告的受众面比报纸广告窄，但正因如此，杂志广告能够针对特定阶层的受众开展广告创意，做到精准投放。同类型的杂志读者，有较多的共同特征，如时尚杂志吸引年轻女性、动漫杂志吸引青少年、新闻类杂志吸引成熟男性等。每一类杂志都拥有其基本的读者群，因此，在进行杂志广告创意时，首先要抓住目标群体，再根据其年龄、性别和个性进行差异化创意。

此外，订阅杂志的人一般学历水平和收入水平较高，对生活有一定追求，对广告也有一定的欣赏能力，如果品牌选对了杂志，其广告效果是非常不错的。

②广告阅读率高，保存期长。杂志用纸优良、印刷精美，尤其是杂志广告，用纸和设计更为讲究，色彩鲜艳精致，可以逼真地再现商品形象，激发读者的购买欲望，因此杂志广告的阅读率一般高于报纸广告。

杂志广告大都采用全页、跨页或半页，版面大、内容多、图文并茂，能把广告客户提供的信息完整地表达出来，比起电视、广播等电波媒介，其广告生命也要长得多。广播、电视节目一播即逝，而杂志阅读时间长，常常还有读者喜欢反复阅读和传递阅读。因此，杂志广告能反复与目标受众接触，加深人们对广告的印象。

③广告注意度高，表现力强。杂志广告在版面位置安排上可以分为：封面、封底、封二、封三、扉页、内页、插页，颜色上可以是黑白，也可以是彩色，在版面大小上有全页、半页，也有 1/3、2/3、1/4、1/6 页。为了适应客户的需求，还可以制作大幅广告，如连页广告、多页广告，视觉冲击力强，创意表现力强，广告效果非常明显。在印刷质感上，杂志广告比报纸广告要优越很多，它常常给人带来美好的感觉，在广告中诉求人们向往的样子。同时，杂志广告多为商业广告，广告登载量也

不多,形式新颖、艺术感染力强,给人以美的享受,因此,杂志广告一般注意度高,且不会引起读者反感。

（2）杂志广告的缺点

①广告时效性差。杂志是定期刊物,发行周期较长,一般是周刊、半月刊、月刊、季刊、半年刊甚至是年刊,因而杂志广告的传播速度较慢,一般适合品牌形象广告。时效性强的广告,如新品上市的促销广告或竞争性强的广告等,不宜选用杂志媒介,否则容易错过时机,影响广告效果。

②广告同质化高。虽然杂志分类精细,受众精准,但在同一类型杂志上所刊登的广告类型容易同质化。因为受众集中、影响力高的杂志集中,品牌在挑选杂志媒介的时候容易重叠,同一类型杂志上广告的产品类型也容易重叠。因此,唯有更深入地了解目标受众需求,并在广告创意上多花工夫,才能有效地吸引消费者。

2. 杂志广告的创意要求

杂志广告创意的核心是色彩、画面和头图。色彩在杂志中的创意主要包含色调处理、位置处理和层次处理三个部分,在本章第一节中已经详细阐述。因此,本节将重点学习杂志广告的画面创意和构图创意。

（1）杂志广告的画面创意

画面表现内容,所以杂志广告的画面创意主要是从它如何更有效地表现广告内容入手。具体来说,杂志广告画面创意包含三类方法。

①比喻法。比喻是两个事物的形态或结构的形式关系,相对外在,如用猎豹比喻赛车、用枯萎的树叶比喻衰老的皮肤等。

②象征法。象征则是两个事物抽象层次上的相似或相关,相对内在,如用蝴蝶象征爱情、用伯牙子期象征知音难觅等。

比喻法和象征法都是通过事物之间的关联去寻求创意的入口,它们是平面广告创意最基础的方法。

③造型法。造型法是利用人们的完形心理,在画面上留下一些形象或情节的空白,使读者在看到广告时,能够自由想象,构思出完整的形象和情节。造型法在平面广告创意中有着独特的魅力,广告没有采用传统的说教或者血腥的画面去体现疲劳驾驶的危害性,而是留有空间,让受众自己去完成这个画面和情节,在心里产生更强的触动,广告效果反而更好。

(2)杂志广告的构图创意

①中心型。它是指利用视觉中心,在画面视觉中心突出想要表达的实物。当平面广告中没有太多的文字,并且需要很明确地表现主题的情况下,一般多运用中心型,中心型有突出主体、聚焦视线等作用。

②分割型。它是指利用分割线使画面有明确的独立性和引导性及空间感。当平面广告画面中有较多的文字和图片时,可以使用分割排版去做区隔,从而明确广告画面中各个部分的主次关系。

③倾斜型。它是指通过主体或整体画面的倾斜编排,使画面有动感,刺激受众视觉感。当平面广告画面需要出现动感、冲击感、跳跃感等效果的时候,可以使用倾斜型排版,倾斜型排版可以让呆板的版面充满活力和生机。

④骨骼型。它是指通过有序的编排方式,使版面理性,具有统一性。当平面广告画面中文字较多时,通常会使用骨骼型构图方式,清晰的层次关系和严谨的图文处理会使受众对广告更有信任度,是一种基本上不会出现错误的构图方式,也是比较单一的排布方式。

⑤满版型。它是指通过大面积的主体元素来占领整个画面的视觉中心,使画面丰富而大胆。当平面广告的画面中文字较少时,通常会使用满版型构图。常见满版型构图有整体满版、细节满版和文字满版,特别适合想要突出产品优势或人物细节的平面广告。

(三)其他平面广告创意要领

除了报纸广告和杂志广告两大主要类型的平面广告,还有很多其他形式的平面广告。在这里,我们仅介绍户外广告、招贴广告和 DM 广告三种形式的广告创意,其他类型的平面广告创意可以以此为借鉴。

1. 户外广告创意要领

户外广告是在建筑物外表或街道、广场、地铁等室外公共场所设立的霓虹灯、广告牌、海报等。户外广告面向的是所有公众,所以很难选择具体目标对象,但是户外广告可以在固定的地点长时期地展示企业的形象及品牌,因而对提高企业和品牌的知名度是很有效的。户外广告的创意具体表现在,画面要鲜艳醒目,文字要简洁、诱人,造型要别具一格。

2. 招贴广告创意要领

招贴广告主要由图形、色彩、文字三部分组成,文字部分作为书面表达形式,承担着招贴广告传达信息的重要任务。文字的创作必然受到图形和色彩的制约与影响,文字在招贴广告中的体现方式依然是承载着文字的使命,但却是以不同的写作方式进行传达,这种文字传达超越了文字本身的内容,字形和字意的完美结合才是招贴广告写作的独特之处。在招贴广告中文字通过一定的组织规律,根据创作者意图进行语句的编排、字形的设计,并统一于图形模式和色彩风格的这种创作形式,称之为招贴广告的写作。

3. DM 广告创意要领

DM 广告又称“直接邮寄广告”,即通过邮寄、赠送等形式,将宣传品送到消费者手中、家里或公司所在地。DM 广告有多种不同形式,主要包括广告信函、明信片、宣传册、征订单、商品价目表、产品说明书、通知、传单等多种形式。因此,DM广告目标明确、针对性强,每一个细分的内容都可以发挥出最大的效益。由于DM 广告形式多种多样,篇幅和文字不拘一格,所以能产生较强的说服力,再次制作也非常简便,费用低。

第二节　电视广告创意

一、电视广告概述

（一）电视广告的概念

电视媒体是最具影响力,也是广告主最热衷的媒体之一。电视媒体集视觉传播和听觉传播于一体,综合运用文字、图像、色彩、声音等丰富的艺术表现手法,具有强大的感染力和号召力。作为一种瞬时媒体,电视媒体具有其他媒体难以比拟的优势。

1. 形象生动,说服力强

电视媒体是一种视听合一的媒体,不仅可以具体生动地反映商品的外观、使用效果等特点,而且可以带给观众一种面对面交流的亲切感和信任感,不知不觉地说服人们接收信息。

2. 覆盖面广,单位接触成本低

电视在我国已经基本普及,成为人们日常生活中不可缺少的一部分,吸引着成千上万的观众。因此,电视媒体的覆盖面之广、渗透力之强是其他媒体所无法比拟的,而电视媒体的高收视率使得受众单位接触成本降为较低水平。

3. 传播迅速,时空性强

电视可以在同一时间把图像和声音等信息传播到世界各地,传播速度快,不受时间和空间的限制,特别有利于播放实效性较强的新闻或者广告。

4. 直观真实,理解度高

电视广告能够直观传播信息,不仅有真实的画面展示产品,而且还配有生动的语言解说,具有强烈的感染力,容易使人产生购买欲。

（二）电视广告的分类

电视广告是一种经由电视传播的广告形式,它将视觉形象和听觉综合在一起,充分运用各种艺术手法,能最直观、最形象地传递产品信息。电视广告主要有以下几种形式。

1. 节目型电视广告

节目型电视广告是由众多的单条广告编辑组合而成的一个节目,一般有固定的时间和片长。

2. 插播型电视广告

插播型电视广告可以分为两种:一种是在两个不同的节目之间插播的电视广告;另一种是在同一节目中插入的电视广告。插播型电视广告相对来说收视率较高,因为此时电视广告传播的强制性和无选择性体现得最为充分。插播型广告越是在高收视率节目中间或前面播出,传播效果越好。

3. 赞助型电视广告

赞助型电视广告是由企业针对某个收视率较高的电视节目提供赞助,节目每次在播出前为该企业、产品或劳务插播广告,同时明确说明节目是由该企业提供赞助。赞助型电视广告传播效果较为稳定,企业的知名度通常会随着赞助节目的品牌效应而提高。

4. 转借型电视广告

转借型电视广告又称隐性电视广告,这一类广告通常指的是其他媒体广告(道具、服饰、场景等)出现在电视的非广告节目画面中。转借型广告成本远低于一般电视广告,传播效果却不亚于传统型电视广告。

(三)电视广告的优缺点

1. 电视广告的优点

(1)冲击力、感染力较强

电视属于情感型媒体,是唯一能够进行动态演示的传统媒体。电视广告往往通过图像的运动忠诚地记录并再现信息,用声波和光波信号直接刺激人们的感官和心理,以获得受众感知经验上的认同。因此,电视广告往往令观众感觉格外真实,这是任何别的媒体广告难以达到的。

（2）穿透力强,抵达率高

电视对观众的文化知识水准没有严格的要求。即便不识字也基本上可以看懂或理解广告中所传达的内容。电视超越了读写障碍,成为一种最大众化的宣传媒介。电视广告能够穿越空间抵达电波覆盖的任何区域,直接进入亿万家庭。

（3）与生活最为贴切

观看电视节目已成为人们文化生活的重要组成部分。电视与我们的生活密切联系,电视传播的内容是现实的延伸,人们喜欢看电视,自然也会接触到为生活提供各种信息的电视广告。

（4）具有一定的强制性

受众是在被动的状态下接受电视广告的,这也是电视区别于别的媒体广告的一大特色。

2. 电视广告的缺点

（1）信息量小,转瞬即逝

电视广告长度一般是以5秒、10秒、15秒、20秒、30秒、45秒、60秒、90秒、120秒为基本单位,超过3、4分钟的比较少,而最常见的电视广告则是15秒和30秒。也就是说一则电视广告只能在短短的时间之内完成信息传达的任务,这是极苛刻的先决条件。电视广告不能保留、传阅和反复观看,所以不便记忆。

（2）受收视环境的影响大,不易把握传播效果

电视机需要一个适当的收视环境,离开了这个环境,也就阻断了电视媒介的传播。在这个环境内,观众的多少、距离电视机屏幕的远近、观众的角度及电视音量的大小、器材质量以至于电视机接收信号的功能如何,都直接影响着电视广告的收视效果。

（3）制作和播放费用昂贵

首先,电视广告片本身的制作成本高,周期长;其次,电视广告的播放费用高。

就制作费而言,电影、电视节目这类艺术形式本身就以制作周期长、工艺过程复杂、不可控制因素多(如地域、季节天气、演员等)而著称,而电视广告片又比一般的电影、电视节目要求高得多。广告片拍片的片比通常是100∶1。可见仅是胶片一项,电视广告片就要比普通电影、电视剧节目超出很多倍了,而且为广告片专门作曲、演奏、配音、剪辑、合成,都需要花大量的资金。就广告播出费而言,电视台的收费标准也很高。我国中央电视台 A 特段30秒的广告收费需要人民币4.5万元。而国外黄金时段播出费用比这还要高得多,美国的电视广告每30秒要10万～15万美元,如果在特别节目中插播广告更贵,有的可高达几十万美元。

(4)不利于深入理解广告信息

电视广告需要在很短的时间内,连续播出各种画面,闪动很快,不能做过多的解说,影响人们对广告商品的深入理解。因此,电视广告不宜播放需要详尽理解性诉求的商品,如生产设备之类的商品。一些高档耐用消费品在电视播放广告时,还要运用其他补充广告形式作详细介绍。

(四)我国电视广告的发展历程

世界上最早的电视广告是以现场直播的方式播出的,随着录像技术的成熟,电视影响的扩大和营销观念的革新,从 20 世纪 60 年代起,世界电视广告开始逐步走向成熟,表现为电视广告的形式和内容越来越丰富;20 世纪 90 年代以后,随着高科技电子成果的不断引入和市场观念的进一步开放,世界电视广告又有了突飞猛进的发展。

与世界电视广告发展历程相比,我国的电视广告传播仅有 30 多年的短暂历史,它的出现比我国的电视要迟 30 余年。

1. *初创期:计划经济条件下的艰难起步*

1979 年我国第一则电视广告播出后,我国的电视广告在计划经济条件下迈出了蹒跚的步履。

1978 年底,党的十一届三中全会召开,确定了把全党的工作重心转移到经济建设上来,为我国电视广告的起步创立了政策环境。同时改革开放序幕的揭开,外国商品逐渐进入中国市场,各国厂商及企业家都迫切需要在中国电视上有个窗口。

1979年1月28日,上海电视台《参桂补酒》广告的播出宣告了我国电视广告传播的诞生。从制作技法上看,这则长1分35秒的广告类似于电视新闻片,但对我国电视广告传播业来说却具有重大的开拓意义。同日,上海电视台还播出了"上海电视台即日起受理广告业务"的字幕。同年3月15日,上海电视台又播出了我国第一则外商广告《瑞士雷达表》。

1979年中央电视台经请示在中国电视服务公司下设了一个营业科,专门负责安排广告,后来很快又改成了广告科。当时观众,包括电视台的人对广告都很不理解,开始播出时不敢叫广告,只称"商品信息"。客户也不多,每天只播出3分钟左右。1979年9月30日,中央电视台播出第一条有偿广告———美国威斯汀豪斯电器广告。随后,日本西铁城公司在《新闻联播》前推出了报时广告。中央电视台自己制作播出的第一条广告是首都汽车出租公司的广告,不久又为河北冀州市暖气片厂制作并播出了广告。

1979年11月,中宣部正式批准新闻单位承办广告。初期的电视广告分三种形式:一种是介绍商品的;一种是介绍厂商的;还有一种是外商提供的带广告性的节目(如纪录片)。当时全国电视台的设备简陋,电视台经济来源完全依靠财政拨款,因而从中央到地方的财力都难以满足需要高投入的电视事业的发展。

在这个阶段,我国的电视广告既受到经济体制改革的积极推动,也受到社会主义计划经济体制的束缚。一方面,电视广告业务发展迅速,电视台成为当时电视广告制作的主要力量;另一方面,电视广告的制作水平并不高,广告的创意设计受到生产观念的制约。单一的计划经济体制决定了企业以生产为中心的模式,广告主的观念落后,大多数广告都是告知型或自我表现型的,站在生产者的立场上,介绍生产者引以为傲的事,以商品功能为诉求重点,画面大多是企业的厂门、车间和奖状,"誉满全球""实行三包""省优部优国优"等口号式广告语不绝于耳。当然,出现这种局面的另一个重要原因是,当时的电视广告工作者大都是从电视台新闻部门转岗过来的,对广告的专业认识薄弱,大量借用电视新闻的创作手法来制作电视广告也就不足为奇了。

2. 探索期:由计划经济到商品经济的积极转变

商业电视广告的雏形已现端倪。20世纪80年代初,仍有一些企业和广告人,开始自觉而又有计划地做广告,这在广告界可谓是独步先行。20世纪80年代初,在中国广告先行者的努力下,中国广告人对广告有了自己的见解,并做了一些有自己思想的东西。大量国际广告理论的进入、国内各层次的广告协会的成立,以及外商代理的逐步加入,促使了我国电视法制初步建立和规范。这都为中国电视广告业的发展创造了外在的条件和因素。

1984年,党的十二届三中全会做出《中共中央关于经济体制改革的决定》,在确立对外开放基本国策的基础上,第一次正式提出"社会主义商品经济"的概念。从此,我国步入了由计划经济向市场经济的过渡期。

改革开放的不断推进和日益扩大的国内市场需求的刺激,同时在与国际交流的催化下,电视作为最先进的传播媒体,发展速度是极快的。在发展经济实现"四个现代化"改善人民生活的大政策方针指导下,我国电视广告传播取得了可喜的进步,主要表现在以下几个方面。

首先,电视广告传播观念发生了根本性的变化。"以销定产"广告传播导向逐渐取代"以产定销"的观念,推销产品被提上企业重要议事日程,广告主的广告意识大大增强,广告预算大幅度上升。同时,随着电视事业的发展,电视广告业务继续扩大,各地纷纷加强广告部门的制作力量。其中,中央电视台于1987年7月成立广告部,下设业务科、制作科、财务科,专门承担电视广告的编辑、制作、播出和管理工作,并分别在第一套节目和第二套节目中开辟了《榜上有名》和《名不虚传》等栏目。以"重信誉,创优质服务"的原则,为经济建设、市场贸易及消费者提供服务,这一原则至今仍然是电视广告传播的宗旨。

其次,电视广告创作水平和传播效果大幅提升。电视广告的创意设计开始突破告知型和自我表现型的窠臼,注重感性诉求和人情味,突出商品个性、主题定位准确、信息传达清晰、广告语精炼的广告作品增多。

最后,电视广告的市场化运作机制初步建立。电视广告创作被纳入广告策略规划,广告公司为客户的广告建立总体策划的运作机制,传播效果得到了强化。同时,广告传播开始重视对产品、市场和目标对象的分析研究,逐渐从纯主观的艺术创作倾向中摆脱出来。

电视公益广告的出现是这一时期的一个创举。1986 年,贵州电视台率先播出了以节约用水为主题的公益广告,引起了广告界的注意。1987 年 10 月,中央电视台在黄金时间正式开办了公益广告栏目《广而告之》,宣传生活常识,提倡社会公德。这种公益性的广告为电视台树立了良好形象,电视公益广告的出现带来了一股清新之风,营造了人与人之间的理解、同情和温馨,唤起了真、善、美的社会美德和人性本位,赢得了观众的一致赞扬,很快在全国推广。

3. 成长期:市场经济条件下的全新发展

20 世纪 90 年代以后,中共中央、国务院颁布了《关于加快发展第三产业的决定》,明确指出广播电视属于第三产业,文件还指出,"以产业为方向,建立充满活力的第三产业自我发展机制,现有大部分福利型、公益型和事业型第三产业要逐步向经营型转变。"广播电视产业属性的界定,为广播电视产业经营创造了一个前所未有的良好条件,也为电视广告传播的大发展提供了政策的保障。

经过这段时期,电视广告创作人才得到了成长,经验得到了积累,在市场经济蓬勃发展的新形势的推动下,我国的电视广告进入快速成长期,呈现出百花齐放的发展局面,主要表现在以下几个方面。

首先,电视广告传播的市场观念全面确立。社会主义市场经济体制的确立,使现代营销观念被广泛接受,明确了广告传播对象,消费者成为市场主体,"用户就是上帝"的观点深入人心,因此,站在消费者的立场上做广告,说消费者关心的事成为广告主的主要诉求方法。同时,电视广告成为电视产业经营的具体手段,以中央电视台为例,1996 年 6 月起实行"栏目带广告,广告养栏目"的运作机制,电视栏目和广告经营逐渐步入市场化。实行这个运作体制的栏目拿出 10% 的时间用于播放广告,广告收入的 50% 用作栏目经费。节目质量好,栏目广告就排得满,广告价格也可以提高;广告收入多,节目制作经费也就多,就更能保证节目的资金投入和质量的提高,从而形成节目质量与经营创收共同提高的良性循环系统。市场观念的发展成为电视广告传播及媒介产业化经营的有力支撑。

其次,电视广告传播专业化态势全面形成。社会主义市场经济体制的确立,也为各种企事业单位介入广告传播提供了依据。许多广告代理公司和专业影视、戏剧、音乐等文艺界人士纷纷参与电视广告的创意与制作,逐步开始了较为专业化的运作。拥有一流人才与设备的专业广告制作公司开始出现,使得我国电视广告制作水平开始与国际接轨。这些机构的出现,打破了过去电视台一统天下的局面,电视广告传播的竞争态势全面形成。

再次,电视广告创意与设计水平全面提高。从 20 世纪 90 年代起,我国的电视广告以消费者的关注点为目标,更加注重感情诉求和人情味的追求,注意与时代和社会发展步伐保持一致,努力追求卓越和创新,摆脱普遍模仿,全面提升格调与品位,通过沟通和智取等攻心方法,使电视广告获得了广泛的社会影响和较好的经济效益。同时,情感式、叙事式、名人证言式、动画式等说服效果好,制作精美的电视广告在电视屏幕上大放光彩,使得电视广告传播样式全面丰富。

最后,电视广告的传播功能获得全面挖掘。随着观念和认识的深入与发展,电视传播的功能被开掘,由此也形成了不同的广告传播形态。一般地,根据传播功能的不同,电视广告可以划分为电视商品广告、电视公益广告、电视节目广告和电视形象广告四类。出现于 20 世纪 80 年代后期的电视公益广告在电视媒体经营日益商业化的今天,义不容辞地承担起电视广告的社会教化责任,许多主题系列的电视公益广告不仅制作精良,而且在推进物质文明、精神文明和政治文明建设方面发挥了不容忽视的重要作用。同时,随着电视传播本身市场化的推进,促使电视节目广告(包括节目预告、栏目宣传广告和栏目片头)和电视形象广告越来越多地被用于塑造媒体自身品牌和形象。

"跨出国门,走向国际化",不仅是这一时期广告人强烈的呼声,也是实践广告的标准。中国电视广告在进行各种尝试之后,更多地将主题思想放在了"如何做广告""做自己民族的广告"上。我国的电视广告形式、内容也迎来了空前多样化。

虽然我国电视广告起步较晚,但已经成为我国社会经济发展的有力推动者,成为电视媒体产业化进程的加速器。可以想见的是,随着社会主义市场经济体制的逐步完善,电视广告传播必将更为灿烂。

二、电视广告创意的原则

电视广告是一种始终围绕传播广告信息,实现品牌与受众的有效沟通这一主旨来展开的创造性活动。而电视广告创意就是电视广告创意人员根据广告主题的要求,在对企业产品、目标消费者、市场竞争者、品牌形象等市场元素分析的基础上,恰当地运用影视艺术等手段,精心巧妙地呈现给观众一种艺术化视觉的创造性思维活动。

(一)创意是电视广告的灵魂

电视广告的目的是让大众认识一个全新的品牌、商品或者劳务,而知名品牌的打造通常需要依赖具有创意的广告来实现。好的创意可以让品牌脱颖而出,吸引受众的注意力,让受众接受品牌所传递的信息和价值。因此,创意是品牌在注意力竞争中的武器,也是电视广告的灵魂。电视广告的创意主要在于明确想向消费者传递什么信息,不仅是企业或者产品自身的特点,还包括商品的独特个性,站在消费者的角度,灵活运用画面、声响等手段使消费者对产品的内涵产生认同感,通过心理暗示来表现商品自身的特性及消费者期望达到的目的,使电视广告具有极强的说服力和艺术表现力。

（二）电视广告以视觉为中心

电视广告同时具有视觉传播和听觉传播两大功能,而视觉传播的冲击力往往比听觉传播要大得多,因此电视广告主要是依靠视觉效果来表现内容,在电视广告的创作过程中也需要以视觉效果为中心。广告的视觉传播可以将原本需要用文字表达出来的抽象意义具象化,形象生动地展示产品信息,有助于克服语言文字的抽象性所造成的感知困难。电视画面具有独特的叙事方式,其描述功能是所有直观感受中最具感染力的,可以直接影响受众的心理认知。

（三）突出主题的电视广告具有更直接的效果

电视广告的费用十分高昂,大部分电视广告播出时间在 15～30 秒之间,因此电视广告必须在有限的时间内突出主题和重点。通常,在电视广告播出中需要反复突出品牌名称。随着传递画面的不断重复,品牌标志和名称也在不断重复,从而加深受众的熟悉度和记忆效果。

（四）情感是电视广告的精髓

电视广告需要在一定程度上依赖情感叙事,无论是亲情、友情还是爱情,都是人类内心所向往的,合理地利用情感打动人心,使人们在情感中得到共鸣,可以增强广告的穿透力,使产品或品牌更容易被大众所接受和喜爱。如 2017 年 11 月,一支名为《总有人偷偷爱着你》的广告被誉为"2017 最走心广告"。有人说,它先是在人的心上划了一道伤口,然后又给你仔细缝好;有人说,大概是今年冬天太冷了,它就像冬天里的一道暖阳。该片选取真人事件改编,以一段网络问答为主线,串联起 5 个反转故事,主题为"致生活中那些平凡的小温暖"。这则广告一经播出,引发了网友的高度赞扬和自主传播,也让很多人落下感动的泪,是一则非常成功的情感型电视广告。

三、电视广告创意的方法

（一）电视广告的图像创意

1. 电视广告图像的构成要素

（1）商品

商品是电视广告的主角，因此在电视广告图像的构成中，商品是一个不可或缺的要素。商品的展示和呈现方式，商品功能的表达和体现都是广告图像的重要内容，是企业向消费者传达的主要信息。

（2）人物

人物虽然不是电视广告的主要信息，却是一项重要的附加信息，恰当地选择广告人物，可以增强广告的关注度和好感度，从而提升广告效果，因此人物作为电视广告的图像构成要素之一，将直接参与到电视广告的创意中来。

（3）情节

情节是构成电视广告图像的重要元素，也是进行电视广告图像创意的重要元素。电视是一种情感性媒介，电视广告可以充分发挥媒介优势，运用一个具有独特情节的故事来表现广告的主题和概念，既传递了广告信息，又吸引了观众的注意。情节设置是体现电视广告创意质量的重要环节。

（4）环境

电视广告中的环境也是构成图像的重要因素，环境的特点和风格对于提升电视广告图像质量和传播效果具有非常重要的作用。广告拍摄场地的选择直接影响着环境的质量。广告拍摄场地的选择通常分为两种：一种是棚内搭景拍摄；另一种是自然环境中的外景拍摄。

（5）道具

在电视广告的图像中，道具虽然不是主要的画面信息，但也是影响图像质量的重要因素。制作精美的道具可以提升电视广告的图像质量，也可以增强广告的感染力和关注度,提升广告效果。

（6）色彩

色彩是构成电视广告的图像的直接因素。色彩不仅是电视广告视觉传达的重要信息,吸引着观众的视线,同时,色彩还具有心理和情感方面的特殊含义,因此可以传达心理和情感层面的深度信息。另外,色彩在塑造广告情调和氛围方面也有独特的优势,在配合广告传播方面能发挥特有的作用。

（7）构图

电视是一种视觉媒介,构图也是构成电视广告图像的一个要素。电视广告的构图要求视觉语言简洁,突出主题信息,排除干扰信息;电视广告的构图也要注意视觉语言的准确性,在镜头的作用和视觉效果的设计上尤其需要注意;电视广告的构图还要注意画面的冲击力,利用相应的构图原则来调动和吸引观众的注意力。

2. 电视广告图像的创意原则

（1）创新性原则

一是选择新颖的画面元素,用全新的元素来吸引观众的视线,比如在广告中使用当下最流行的服饰来吸引观众的注意力;二是选择同类商品广告中不常见的表现元素,从而给观众新鲜感;三是运用旧元素新组合方法,采取新的元素组合方式给观众以视觉刺激,从而增强广告图像的创新性。

（2）理解性原则

电视广告必须确保观众能够准确地理解广告,还原广告信息。由于电视媒介具有稍纵即逝、信息不能保存的特点,电视广告被称为"瞬间的艺术",在这样一个"瞬间",电视广告能否被观众理解并且接受,是一个非常重要的问题。如果只顾求新求异,而无法让观众一看就明白,一看就记住,是无法发挥电视广告真正的作用的。

（3）冲击力原则

为了吸引观众的注意,电视广告的图像应该讲求视觉冲击力。视觉冲击力强,有震撼效果的图像更容易赢得观众的关注,因此在电视广告图像的选择与创作中,应该注意提高图像的冲击力,比如通过对比、夸张等艺术手段。

（4）亲和力原则

从短期效果来看,具有强烈冲击力的图像可以提高广告关注度;从长期效果来看,有亲和力的图像可以提高广告的好感度,也就是说,有亲和力的图像有助于塑造良好的品牌形象。

（5）经济性原则

用"一秒千金"来形容电视广告并不为过,在电视广告的图像中,需要尽量避免冗余镜头,以简练的镜头语言来传达广告信息,做到广告图像的主体突出,镜头简洁清晰,画面过渡自然利落。

3. 电视广告图像的创意方法

（1）让图像动起来

让图像动起来的方式主要有三种:让商品本身运动起来;通过广告人物的行为带动商品的运动;利用光影的效果通过摄像镜头获得具有动感的图像。

（2）创新的选择和使用广告模特

选择有个性、有记忆点的广告模特,让广告模特为广告创意加分。

（3）选择有特色的广告画面风格

即使是同样的创意,同样的故事情节,通过不同风格的画面来呈现,也可以得到截然不同的视觉感受,从而带给观众新鲜的视觉体验。选择有特色的广告画面风格对于塑造品牌个性是有很大的帮助的。

（4）环境、道具设计上体现创新性

环境和道具虽然不是广告的主体,却和广告的视觉效果紧密联系,为了更好地表现广告创意,在环境的挑选和道具设计上需要体现创新性。

（5）创作有创意的情节

电视广告的故事情节力求出其不意,新颖独特,尽可能避免观众刚看到开头就能预测到结果的情况。电视广告中的故事情节往往来自生活,但又要高于生活。

（6）创新性地使用色彩

色彩是广告图像的重要组成部分,不同的色彩不仅在视觉上给观众不同的视觉感受,还能带给观众不同的心理感受和情感体验。

（二）电视广告的音乐创意

1. 电视广告音乐的功能

（1）情感渲染

音乐具有表情达意的作用,在情绪渲染和情感表达方面具有独特的功能。在电视广告中运用音乐可以帮助广告更好地传递情感,从而打动消费者。

（2）吸引注意

电视广告中占主导的是视觉因素,当人的视觉神经产生疲劳时,听觉就会变得更加灵敏,此时若给听觉恰当的刺激,可以起到吸引注意力,事半功倍的效果。另外,电视广告传播过程中,受众对于视觉是具有一定的选择性的,但是听觉往往是强迫性的。

（3）帮助记忆

观众记忆广告的工程是一个认知、保持、回忆和再现的过程。消费者在接收听觉信息时往往处于被动状态,听觉器官的生理结构造成了人们不可能像控制视觉系统一样做出选择。利用听觉的这一强迫性,可以突出广告音乐的优势。由于具有一定的节奏感,广告音乐所具有的音乐性在被记忆的时候往往优于普通的广告词。

（4）国际通用,容易理解

音乐是一种国际通用的传播符号,可以跨越文化和语言的障碍,具有很高的理解度,因此音乐在提高广告的传播效果方面具有很大的优势。很多跨国品牌需要在全球范围内传播品牌形象,往往采用广告音乐这种国际通用的符号进行广告传播。

（5）提高广告的欣赏价值和艺术品位

音乐是一种艺术形式,在电视广告中运用音乐进行广告表现和信息传达可以淡化广告的商业味道,提升广告的欣赏价值和艺术品位,对于提升品牌在观众心目中的形象具有一定的帮助。

2. 电视广告音乐的创意原则

电视广告音乐主要来源于流行音乐、古典音乐、摇滚乐、电子音乐等,其创意原则包括:通俗易懂,易于传唱;以情动人,渲染性强;生动活泼,旋律优美;服务整体,相得益彰;贴合主题,讲求时效。

3. 电视广告的音效创意

（1）电视广告音效的类型

①自然音效。是指来自自然环境中的各种音响效果,比如风声、雨声、鸟鸣等,自然音效通常真实、自然,能够对环境进行生动地表现和烘托,对于刻画和展现广告中的环境氛围具有独到的作用,也可以提高广告的表现效果。

②生活音效。是指来自生活中的各种音响效果,比如哭声、笑声、鸣笛声等。来自生活中的各种音效大多生动逼真、感染力强,有助于刻画广告人物的生活形态,渲染广告人物的情感态度。

（2）电视广告音效的作用

①体现真实感。无论是模拟自然界还是人类生活环境的各种广告音效,因其能够真实、生动地再现自然界和人类的生活环境,给观众以真实感,所以对于传达广告信息,说服消费者是非常重要的。

②塑造环境氛围。模拟自然界和人类生活环境的各种音效,将其运用在电视广告中,有助于刻画和展示电视广告中的环境,塑造环境氛围,增强环境对于情节

的渲染力,增强电视广告的表现效果。

③烘托感情。准确地运用广告音效,还能起到配合故事情节、烘托情感的作用。比如,在悲伤的广告故事情节中,可以配合风声、雨声;而在一个欢快的广告故事情节中,则可以配合鸟叫、虫鸣或者人物的欢声笑语。

④提示作用。正确使用音效,对观众有提示作用,能够节约画面语言,更为经济地使用镜头。比如画外音传来脚步声,无须出现人物画面,观众就可以猜出有人来了。

（3）电视广告音效的创意原则

①逼真准确,讲求质量。在电视广告中使用广告音效是为了追求更好的表现效果,因此讲求音效的质量,运用准确、逼真的音效才能达到传播效果。如果使用质量欠佳的广告音效,会使观众感到广告粗制滥造,不仅降低广告效果,还可能引起观众对品牌的质疑。

②使用贴切,符合需求。在电视广告中不能滥用音效,在恰当的时机选择合适的音效,才能起到烘托渲染的作用,否则不仅不能发挥应有的作用,反而会引起观众反感,降低电视广告的表现效果。

③不要构成噪声。广告音效确实具有诸多功效,但在使用过程中一定要首先考虑使用音效的目的和效果,不能一味堆砌,过多的、庞杂的音效不仅不能发挥作用,还有可能引发观众的厌恶情绪,影响广告效果。

（三）电视广告的对白、独白和旁白创作

1. 电视广告人物对白的创作要求

（1）语言浅显,易于听懂

电视广告中的人物对白,除少数广告为人物对白配有字幕外,大部分广告人物对白没有字幕,观众主要靠听觉来接受人物对白。因此,创作者在设计人物对白时应注意语言要浅显,让观众容易听懂,切忌晦涩难懂,过于书面化。

（2）贴近生活，有亲和力

电视广告通常从现实生活入手，从生活中寻找素材和表现方法。电视广告人物对白应该贴近生活，具有一定的亲和力，这样广告才能更好地被观众所理解和接受，广告效果也能得到一定的保证。

（3）真实，符合人物特点

广告中人物对白的设计应该尽可能地还原真实，符合人物的特点和性格需要，这样才能赢得观众的认同。有些广告为了追求商业效果，将品牌信息生硬地插入人物对白，让广告人物脱离本身的角色而单纯成为商家代言人，这样的对白很难引发观众的好感。

（4）自然，推动情节发展

广告人物的对白还应该自然贴切，符合广告情节的需要，推动广告情节的发展。

2. 电视广告人物独白的创作要求

（1）自然贴切，融入角色

独白总是结合广告角色进行表现，因此在设计人物独白时，首要就是要融入角色，设计符合广告人物性别、性格、社会形象定位的独白。通常在电视广告中，广告人物的角色是根据产品的目标消费群体而定的，广告人物一般要针对目标消费者，因此广告独白的设计应该符合广告人物角色，符合目标消费者的特点。

（2）真实质朴，感染力强

广告独白必须发自人物内心，真实质朴，才能拥有强烈的感染力。

（3）品味高雅，人性纯美

由于电视广告的时长通常比较短，要在如此短时间内打动观众，完成广告诉求，就需要创作出触及人性本质的广告独白，与消费者产生共鸣，引发消费者的赞同和感动。品味高雅，体现人性纯美的独白不仅能够触动消费者，也有利于树立和传播良好的品牌形象。

3. 电视广告旁白的创作要求

（1）语言简练，表达清晰

受电视广告时间长度的限制，电视广告旁白应该简洁，力求以最少的文字实现最佳的传播效果；与此同时，由于受众在接受电视广告旁白时主要依靠听觉，因此旁白需要表达清晰，用词准确，没有歧义。

（2）解释提示，补充配合

电视广告旁白主要是配合广告画面来传播广告信息，起到解释、提示、补充、配合的作用，也就是对广告画面进行解释和提示，并且补充画面交代不清楚的信息。因此，在创作电视广告旁白时，要充分结合广告画面部分，避免信息重复，才能真正有效地发挥旁白的作用。

（3）为看而写，视觉感强

电视广告带给观众的是一种视听结合的综合感受，但是电视广告的旁白与广播旁白有所不同，电视广告的旁白应该语言生动活泼，有画面感，这样可以帮助观众理解画面信息，体会广告创意的内涵。

（4）为听而写，可听性强

由于电视广告旁白通常不配字幕，因此在进行旁白创作时，还要注意为听而写。电视广告写旁白的时候，一是要让观众只通过耳朵就能听得懂旁白的含义；二是所写旁白能激发观众听的兴趣。

四、电视广告的制作

（一）提交故事板

当创意完全确认并获准进入拍摄阶段时，公司创意部会将文案、画面说明及提交给客户的故事板呈递给制作部（或其他制作公司），并就广告片的长度、规格、交片日期、目的、任务、情节、创意点、气氛和禁忌等作必要的书面说明，以帮助制作部理解该广告片的创意背景、目标对象、创意原点及表现风格等，同时要求制作部在限定的时间里呈递估价和制作日程表以供选择。

（二）提交制作方案并报价

当制作部收到脚本说明之后,制作部会将合适的制作方案及相应的价格呈报给客户部,供客户部确认。一般而言,一份合理的估价应包括拍摄器材、拍摄场地、拍摄置景、拍摄道具、拍摄服装、摄制组（导演、制片、摄影师、灯光师、美术、化妆师、服装师、造型师、演员等）、音乐、剪辑、特技、二维及三维制作、配音及合成等制作费、制作公司利润、税金等广告影片制作中的全部方面,并附制作日程表,甚至还可以包含具体的选择方案。

（三）签订制作合同

由客户部将制作部的估价呈报给客户,当客户确认后,由客户、客户部、制作部签订具体的制作合同。然后,根据合同和最后确认的制作日程表,制作部会在规定的时间内准备接下来的第一次制作准备会议（PPM1）。

（四）筹备工作

在此期间,制作部将就制作脚本、导演阐述、灯光影调、音乐样本、勘景、布景方案、演员试镜、演员造型、道具、服装等有关广告片拍摄的所有细节部分进行全面的准备工作,以寻求将广告创意呈现为广告影片的最佳方式。

（五）召开 PPM 会议（即制作准备会议）

在 PPM（Pre Product Meeting）上,将由制作部就广告影片拍摄中的各个细节向客户呈报,并说明理由。通常制作部会提出不止一套的制作脚本、导演阐述、灯光影调等有关广告片拍摄的所有细节部分供客户选择,最终一一确认,作为之后拍片的基础依据。如果某些部分在此次会议上无法确认,则（在时间允许的前提下）安排另一次制作准备会议直到最终确认。因此,制作准备会议召开的次数通常是不确定的,如果只召开一次,则 PPM1、PPM2 和 Final PPM 就没有什么差别。

（六）确认最终方案

经过再次准备,就第一次制作准备会议（PPM1）上未能确认的部分,制作部将提报新的准备方案,供客户确认,如果全部确认,则不再召开最终制作准备会议(Final PPM),反之在时间允许的前提下再安排另一次制作准备会议直到最终确认。

(七)落实细节

在进入正式拍摄之前,制作部的制片人员对最终制作准备会议上确定的各个细节,进行最后的确认和检视,以杜绝任何细节在拍片现场发生状况,确保广告片的拍摄完全按照计划顺利执行。其中尤其需要注意的是场地、置景、演员、特殊镜头等方面。另外,在正式拍片之前,制作部会向包括客户部、摄制组相关人员在内的各个部门,以书面形式的"拍摄通告"告知拍摄地点、时间、摄制组人员、联络方式等。

(八)正式拍摄

按照最终制作准备会议的决议,拍摄的工作在安排好的时间、地点由摄制组按照拍摄脚本(Shooting Board)进行拍摄工作。为了对客户和创意负责,除摄制组外,通常制作部的制片人员会联络客户和客户部的客户代表(AE)、有关创作人员等参加拍摄。根据经验和作业习惯,为了提高工作效率,保证表演质量,镜头的拍摄顺序有时并非按照拍摄脚本的镜头顺序进行,而是会将机位、景深相同相近的镜头一起拍摄。另外儿童、动物等拍摄难度较高的镜头通常会最先拍摄,而静物、特写及产品镜头通常会安排在最后拍摄。为确保有充足的拍摄镜头用于剪辑,每个镜头都会拍摄不止一遍,而导演也可能会多拍一些脚本中没有的镜头。

(九)冲洗胶片

就像拍照片之后需要洗印一样,拍摄使用的电影胶片需要在专门的冲洗厂里冲洗出来。也叫作 Film-to-Video Transfer,冲洗出来的电影胶片必须经过此道技术处理,才能由电影胶片的光学信号转变成用于电视制作的磁信号,然后才能输入电脑进入剪辑程序。转磁的过程中一般会对拍摄素材进行色彩和影调的处理,这个程序也被称作过 TC。因为调色这项工作是艺术工作也是技术工作,所以操作人员的个人素质和能力是非常重要的。

（十）初剪

也称作粗剪。现在的剪辑工作一般都是在电脑上完成的,因此拍摄素材在经过转磁以后,要先输入到电脑中,导演和剪辑师才能开始初剪。初剪阶段,导演会将拍摄素材按照脚本的顺序拼接起来,剪辑成一个没有视觉特效、旁白和音乐的版本,也叫作 A 拷贝。

A 拷贝的版本是要提供给客户进行视觉部分的修正的,这也是整个制作流程中客户第一次看到制作的成果。给客户看 A 拷贝版本有时候是要具有冒险精神的,因为一条没有视觉特效和声音的广告片,在总体水准上是比完成片要逊色很多的,客户可能会提出一些难以应付的修改意见。所以,制作公司有时候宁愿麻烦一点,在完成了特技和音效以后再给客户看片。

（十一）正式剪辑

在客户认可了 A 拷贝版本以后,就进入了正式剪辑阶段,这一阶段也被称为精剪。精剪部分,首先是要根据客户在看了 A 拷贝版本以后所提出的意见进行修改,然后将特技部分的工作合成到广告片中去,至此,广告片画面部分的工作完成。优秀的剪辑师和剪辑工具,将为广告片增添许多光彩。

（十二）添加音乐、旁白和对白

广告片的音乐可以作曲或选曲。这两者的区别是:如果作曲,广告片将拥有独一无二的音乐,而且音乐能和画面完美地结合,但费用比较高;如果选曲,在成本方面会比较经济,但别的广告片也可能会用到这个音乐。

旁白和对白也是在这时候完成的。在旁白和对白完成以后,音效剪辑师会为广告片配上各种不同的声音效果,至此,一条广告片的声音部分的因素就全部准备完毕了。最后一道工序就是将以上所有元素的各自音量调整至适合的位置,并合成在一起。这是广告片制作方面的最后一道工序,在这一步骤完成以后,广告片就已经完成了。

（十三）交付成片

将经过广告主认可的完成片,以合同约定的形式按时地交到广告主手中,视为交片。

第三节　新媒体广告创意

一、新媒体广告概述

（一）新媒体广告的概念

作为一种新兴大众媒介,目前还没有关于新媒体的官方定义,生活中最常见的新媒体形式有网络媒体、移动端媒体、数字电视等,是一个不断变化的概念。

一般来说,新媒体需要具备以下特点。

第一,新载体。传统电视媒体的拓展,如楼宇电视(电梯、超市)、移动电视(公交、地铁、出租车)、户外液晶电视等。

第二,新技术。传统媒体的数字化正在被不断开发和拓展,如数字电视、数字广播、数字报纸、数字杂志、数字电影等。

第三,新融合。传统媒体与其他行业的结合,如传统电视媒体向手机、互联网、电视等行业的融合等。

新媒体广告是指建立在数字化技术平台上的,区别于传统媒体的,具有多种传播形式与内容形态的,并且可以不断更新的全新媒体介质的广告。

（二）新媒体广告的特点

新媒体广告的类型多样,网络广告、手机广告、户外媒体广告、移动电视广告、楼宇电视广告等都属于新媒体广告的范畴,它们看似形式多样各具特点,但基于数字技术基础的实质也让它们具备了一些共同的基本特性。

1. 互动化

新媒体区别于传统媒体的重要特性就体现在新媒体的互动性上,同样新媒体广告也具备了一定程度的互动性,这对于传统意义上"单向传播"的广告有着颠覆性的意义。在传统媒体中,用户几乎没有自己的选择权,所有的信息内容包括广告在内全部是由内容提供商来决定的。在新媒体诞生后,这一局面已经成为历史。在使用新媒体时,受众可以选择接受或者不接受新媒体广告,甚至可以亲自参与到新媒体的广告中去,与广告主产生互动行为。

2. 融合化

随着科学技术的不断发展,媒介融合成了当下十分流行的词汇。在这样的背景下,广告形式的融合也是大势所趋。数字技术的出现使得新媒体这一新型平台本身就已经具有了融合性,那么投放在这一媒体上的广告也就必然具备融合性的特点。新媒体广告无须像传统广告那样把文字、声音、图片、影像等要素进行分类,而是运用多形式的多媒体广告来匹配新媒体这一媒介。

3. 个性化

以报纸、杂志、广播、电视为主的传统媒体还有另一个名字——大众媒体,这说明传统媒体的传播方式是"大众化"的,而新媒体却给用户提供了一个个性化的空间。一方面受众有了自己的选择权,比如部分家庭已经用上了数字电视,数字电视与以往的模拟信号电视最大的不同之处就是实现了定制功能,用户已经可以根据自己的喜好来自由地选择所要观看的节目,而这些选择之中甚至也包括了广告,这意味着用户可以选择观看自己喜欢和感兴趣的广告节目。另一方面,许多如博客、播客、威客、楼宇电视等小众化、专业化新媒体的出现,要求广告主投放广告时密切注意广告的针对性,设计出符合媒介内容的个性化广告信息;同时,以数字电视、手机、互联网等媒体为代表的定制信息的出现,也为广告商提供针对性的个性化广告创造了可能。

（三）新媒体广告的形态

1. 移动新媒体广告形态

移动新媒体广告形态是指依靠移动媒体的发展而产生的一种广告形态,主要以手机为载体。按照用户参与程度的高低,可将手机广告分为:直接推送型广告、通信业务搭载类广告、媒体业务搭载类广告、自动发起类广告。其中直接推送类广告分为:短信广告、彩信广告;通信业务搭载类广告分为:彩铃广告、内置服务广告等;媒体业务搭载类广告分为:手机报广告(手机图片广告、手机文字广告)、手机视频广告(手机电视广告、手机电影广告等);自动发起类广告分为:搜索引擎广告、App 广告(新闻类、工具类、生活服务类、娱乐类等)。

2. 网络新媒体广告形态

网络新媒体广告形态主要有三大类。

（1）门户广告

门户广告的形态主要有十种:横幅广告、按钮广告、对联广告、漂浮广告、文字链接广告、弹窗广告(含普通弹窗、背投弹窗、右下角弹窗)、拉链广告、富媒体广告、导航广告、视频广告等。

（2）互动广告

互动广告的形态主要有十一种。

①搜索引擎关键字广告。一种新兴的广告模式,随着新媒体的高速发展,这一广告类型逐渐占据了广告市场的半壁江山,包括百度"关键字竞价排名"及"火爆地带",Google 的"Google Ad Words"及后起之秀阿里妈妈的广告买卖模式等。

②置入式网络广告。它是随电影、电视等现代媒体发展起来的一种新的广告形式,指在影视节目、游戏、体育赛事中将产品或品牌的信息刻意插入,以达到潜移默化的宣传效果,被称为秘密的广告。

③社区广告营销。FIDO 社区正式落户猫扑"我的空间",作为猫扑的用户

FIDO 建立了自己的博客空间,并且在很短时间就发展成为备受喜爱的主题圈落,成为一个活生生的人物,生活在你、我身边。在这个案例中,猫扑采用了不同的营销组合:"FIDO"日,即每月 7 日,FIDO 形象会出现在猫扑网页面的很多地方,向大家问好,不仅征集朋友、扩大粉丝群,更获得了大量曝光的机会。

④博客(话题)营销广告。一种借助博客口碑传播的话题营销服务,博主可以接受自己感兴趣的话题邀请,并在博客中以文章形式对广告主的产品或服务进行介绍、评论等营销行为。

⑤网站广告营销。即需要广告主创建自己的媒介载体,而不是单纯地从现有网络出版商手中购买广告空间。

⑥展示广告。是推送到阅读器中的广告形式。与传统网页上的广告相比,它的不同在于:较高的点击转化率;迅速吸引读者并适合长期建立品牌形象;广告主自定义广告价格;精准的广告投放。

⑦网页文章嵌入式广告。以受网民关注的网络最终页正文文字为载体,根据网民的兴趣及文章内容的相关性,自动标记关键词,通过语义匹配系统,最终实现广告内容与文章文字的精准匹配。

⑧互动广告。如网易互动广告,它是网易首创的一种面向企业的网络互动广告服务。企业可以根据用户的年龄、性别、职业、地区、爱好等特征自主选择广告投放对象,实现广告精准地投放,并利用互联网的互动功能实现口碑传播的效果,提高企业销售额、提升企业品牌形象。

⑨电子邮件广告。除传统的电子邮件广告外,最新的是邮箱精准匹配广告。

⑩实时通信广告。实时通信(Instant Messaging,简称 IM)有着比 E-mail 更快的反馈速度,便于快速解决问题。正是因为这些优势使得 IM 获得越来越广泛的应用,因此基于 IM 的广告也随之得以开发。

⑪网站提供的精准定制整合广告营销方案。随着 Web2.0 新媒体时代的到来,用户"浮出水面",用户的属性特征也通过博客、TAG、RSS 定制、内容分享等新的技术应用变

得相对显性起来。用户获得观察别人和被别人观察的机会，那么相对于传统门户时代，广告主也更容易了解到用户的兴趣和喜好，理论上获得了更多"通过准确的方式、以准确的通路向准确的人传送准确的信息"的精准营销的机会。

（3）精准行为定向广告

所谓定向广告，是指网络服务商利用网络追踪技术（如 Cookie）搜集整理用户信息，并对用户按年龄、性别、职业、爱好、收入、地域等不同标准进行分类，记录储存用户对应的 IP 地址，然后利用网络广告配送技术，根据广告主的要求及商品、服务的性质，向不同类别的用户发送内容不同的"一对一"式的广告。用一句话来概括，就是"在适合的时候对适合的人推适合的广告"。相比以往广而告之的广告形式，定向广告体现的是"按需分配"的特性，是一种更精确的网络营销模式。

3. 户外新媒体广告形态

按照目前通行的分类方法，户外广告表现形式主要有以下几类。

（1）平面类

包括招贴海报、彩旗条幅、路牌、墙体喷绘等。

（2）光源类

以发光照明为主，例如霓虹灯、灯箱、彩灯等。

（3）电子类

以显示屏广告为主，例如 LED 显示屏、超大屏幕电视等。

（4）互动类

主要以 3D 立体触摸、传感驱动装置、互动体验为主。

（5）空中类

比如飞艇、热气球、降落伞等飞行移动广告。

目前，广告人通常会在第三、四类广告即电子类和互动类广告形式上，使用较多的新媒体元素，尤其是互动类广告是当前最热门的户外广告形式。另外，近年兴起的 3D 全息投影技术、AR 扩增实景技术、自动识别技术、移动互联技术、声控技术等都可以与户外广告相结合起来。

（四）新媒体广告的优势及问题

1. 新媒体广告的主要优势

（1）时间、空间较为灵活

新媒体广告通常建立在对用户位置和媒介使用行为的追踪基础上，因此其播放时间和空间较为灵活，完全实现了因人而异。在忙碌的都市生活中，不受时空限制，充分利用碎片化时间，也是新媒体广告相较传统广告最大的优势。

（2）互动性强，参与性强

新媒体广告往往不具备强制性，新技术的运用使得新媒体广告在传播过程中依附用户的主动性，缩短了与用户沟通的回路，降低了用户的抵抗心理。用户拥有主动权后会更加有意识地主动接受广告信息并进行反馈。

（3）传播针对性强

新媒体广告不是一种大众传播，Cookie 的使用可以让广告追踪到某一具体人群或者某一个具体的个人进行一对一的定向传播。比如根据用户输入的关键词进行相关产品或者品牌推送，将广告包装成为用户所搜寻的信息等。而移动互联时代，云计算、大数据和人工智能等技术的高速发展，将会对新媒体广告的针对性有着极大的推动作用。

2. 新媒体广告存在的主要问题

因为新媒体环境的特殊性，监管不易，且政府部门针对新媒体广告的管理和新媒体行业的自律都相对薄弱，因此在其高速发展的状态下，必然会出现一些问题。

（1）违规广告屡禁不绝

新媒体的本质在于：人人都是生产者，人人也都是传播者。但在新媒体时代，新媒体广告不仅给网民带来极大自由，也增加了互联网信用环境的难度。

各类新媒体中,充斥着大量"失信"信息。早在 2005 年,国务院就开展了虚假违法广告的专项整治。其后,中宣部、新闻出版总署、国家市场监督管理总局等部门均多次发出通知,部署整治违法违规广告工作。然而,一些违规、虚假广告仍常常出现在网络、手机等新媒体中。特别是在传统媒体广告市场整治力度加大之时,此类广告纷纷向新媒体广告转移,在《中华人民共和国广告法》(2015 年修订版)实施以后,这样的情况有所好转,2016 年最新发布的《互联网广告管理暂行办法》也巩固了整治效果。

(2)跟风严重,缺乏创新

新媒体广告"来得快,去得快",集体刷屏,盲目"蹭热点"甚至是抄袭等现象层出不穷。为了谋求利益最大化,不少新媒体广告呈现出粗制滥造,不符合国情,缺少文化内涵和创新精神的现状。最大的特点就是,一个品牌有一则新媒体广告成功了,其他品牌就会纷纷跟进,有自己洞见的品牌却屈指可数。其实不管是网络新媒体、手机新媒体还是户外新媒体,可以进行创新创意的空间是很大的。如圣诞节商场推出的互动大屏,精彩的照片只有扫码才能获得,这一广告形式效果非常好。被各大企业青睐的 H5 广告,只要是在互动性和创新性上花了功夫,一定会被受众所喜爱。还有"国民短视频 App"——抖音,以其充满惊喜和魔性的短视频被大家喜爱,但除创意视频外,它也勇于传递社会正能量、传承中华文化。如 2018 年 5 月 18 日"世界博物院日"当天,抖音联合全国七大博物馆制作了一个十分接地气并且趣味十足的国宝推广创意短片,受到了网民的集体点赞。

(五)新媒体广告的传播策略

移动互联时代,不仅新媒体广告的发展趋势相较传统广告更为强劲,很多经典的广告学模型也发生了变化。人群在迁徙,行为在变化,触点在分散,路径在泛化,传播营销的生态基础也发生了根本性改变,如消费者行为学领域中十分成熟的"AIDMA 模型"也不断演变着。DCCI 发布的《中国互联网蓝皮书》基于长期以来对用户的行为追踪、消费测量、触点分析和数字洞察,提出了数字时代的消费者行为模型"SICAS",即互相感知(Sense),产生兴趣、形成互动(Interest&Interactive),建立连接、互动沟通(Connect&Communication),行动购买(Action),体验分享(Share)。在这样的前提下,新媒体广告的传播策略可以总结为三个层面。

1. 发现和建立有效接触点新媒体

有研究者借用美国学者在研究营销信息传播效果时提出的有效信息"接触点"的思想方法,分析建立接触点新媒体的策略和理论依据。发现和建立有效接触点新媒体的首要任务和核心问题是洞察受众、研究受众,解剖及描绘都市人的生活轨迹,从受众的现代生活轨迹中发现最有价值的接触点,然后研究、衡量这些接触点的传播价值,进而开发新媒体,建立全新的媒介组合策略。

当代社会生活形态的主要特征是人群的移动性、社会分层的精细化和对信息的定制需求,这一切均是创建接触点新媒体的契机。各类分众化传媒就是在细分受众的原则下,符合了社会人群的移动性特征而创造的新媒体。精细化分层使受众的轮廓越来越集中和清晰,群体的生活接触点就越发明晰,这是创造新媒体的有效工具。社会群体"多层分级"的极致表现是小众群体追求"个性化"并且讲究"定制化"。以精细化分层和定制化等特征的受众生活轨迹中的"接触点"为中心打造的新媒体具有追随性、强制性、指向性、准确性、针对性和精确传播的有效性等优势。因此,在营销信息的竞争延伸到不同的终端的情况下,在不同类别受众的有效接触点创建新媒体极具发展前景,广告市场的分众化已成为一种趋势。

2. 实现广告完全商品信息的传达

广告本是为了消除市场信息的不对称,但由于工具性限制和人们在利用广告过程中不断壮大其诱导功能,广告开始极尽夸张之能事,使得广告又在不断强化信息不对称,以致广告公信力减弱,效果下降,成本上升,影响了中国广告产业的持续健康发展,同时也在一定程度上危及传媒的生存与发展。因此,广告必须回归其商品信息的告知功能,实现广告接近完全商品信息的传达。这一目标在网络与数字传播时代可以实现,首先,因为数字技术海量信息储存与海量信息传输的特征,以及网络双向互动、多重链接等复合式传播方式,足以支持商品完全信息的传播,不仅能实现产品与服务的详尽说明、图解,产品与服务全方位、多层面的展示,而且能如现场购物般地体验。其次,消费者无须支付信息搜寻成本,广告主也不必为传达有关商品与服务的完全信息而支付过高的成本。网络与数字新媒体能够克服传统媒体的工具性限制,真正实现广告完全商品信息的传达,消除信息不对称,真正实现与消费者的"沟通",提升广告传播效果。

3. 新旧媒体的整合营销传播

新媒体和传统媒体各有优势,单一的新媒体广告投放往往难以满足广告主多元营销传播需求。由于营销传播目标需求日趋多元化,广告主往往需要通过多种媒体的整合营销传播,达到广告效果的最大化。广告主进行媒体投放活动时,更多考虑利用传统媒体和新媒体各自特性进行整合使用,构成一个完整的营销体系,进行全方位立体式营销传播。广告公司空前重视对产品目标受众的划分,并制定与之相配合的广告投放策略和广告创意。广告与其他营销手段相结合,线下的广告投放得到更多的重视。在广告投放策略中更重视媒体的组合投放和创新性投放。

二、网络新媒体广告创意

(一)网络新媒体广告创意的原则

作为一种特殊的广告形式,网络广告除要遵循广告创意的一般原则外,还有另外一些原则是必须遵守的。

1. 真实性原则

指网络广告在创意内容和形式上都不能有虚假、骗人的东西。相对传统媒介来说,人们对于网上的信息更多的会保持一种怀疑态度。因此,网络广告在创意上更应该遵循和坚持真实性原则。网络广告中最常见的"标题党",让很多受众又爱又恨,被深深地吸引进去,又不得不气呼呼地出来。这一现象不仅是网络新媒体广告的一种"套路",更是不少网络广告创作者故意去钻网络监管不便的空子。作为广告人,应该用美好的创意去感染人,而不应用虚假的信息去欺骗人。

2. 针对性原则

资深广告人魏特·哈布奈斯说过:"伟大的广告一定不只照亮了天空,它还要击中目标。"这里的"击中目标"就是指广告创意的针对性原则。由于技术优势,网络广告在创意上更该体现针对性原则。如新浪娱乐频道首页曾经登出了一条横幅广告,内容是关于一场模仿秀的,在广告创意上就很好地运用了针对性原则。

3. 亲近性原则

指网络广告创意要力求贴近消费者,把坦诚、友好、轻松的态度贯彻到广告中,加强对消费者的感染力,在亲密的氛围中达到广告的目的。网络的互动性使得网络广告具有更加强大的亲和力,而在创意上遵循亲近性可以使得网络广告事半功倍。

4. 创新性原则

在以上三个原则的基础之上,网络还具有信息海量的特点,人们每天接触到的网页数不胜数,所以,网络广告应避免跟风创作,而应独辟蹊径、标新立异,这是取得广告效果的关键所在。网络广告的创新可以从内容和形式两方面入手,形式夺人眼球,内容抓人内心。与此同时,网络广告时效性强,因此,网络广告的创新除了能力上的要求,也需要广告人具有较强的自律性。在进行网络广告创意时,不仅要充分了解市场、产品和竞争对手,还必须紧抓消费者不断变化的心。

(二)网络广告创意的特点

1. 动态性

广告创意不可避免地要受到表现形式的制约,因此它必须符合媒体的表现特点。网络广告并非线性叙事,无法像电视媒体一样展现一个连续的生活场景或是一段生动的故事情节,但它具有一种动态性。以网幅广告为例,不仅广告中的背景、图片、文字可以运动,整个网幅广告也可以在网页中运动,这就使得它比报刊广告更富于动感。因此,动态性是网络广告表现的特点,也是网络广告创意的特点。

2. 链接性

具有链接功能是网络媒体区别于传统媒体的一个重要特点,网络广告创意过程中需要充分发挥这一优势。在进行网络广告创意时,无论图片、文字,都必须考虑到超链接关系,也就是上一页面层级与下一页面层级(或更多页面层级)之间的关系,每一个页面层级主要展现哪些内容,层级之间如何衔接等。将每一页面层级相互联系并融为一个整体,让超链接这一网络特有的属性在网络广告中得到更加充分的发挥。

3. 多样性

网络广告有很多种形式,每种形式又有各自的特点。与此同时,广告主如果想在互联网上推广企业或者品牌的形象,仅在单个网站上做某一种形式的广告是难以奏效的,必须整合多种形式的网络广告,甚至与传统媒体相结合。这就要求网络广告在创意时注意多样性的特点,抓住不同网络广告形式甚至其他媒体广告形式的不同特点,在保持整体性的前提下充分展示不同形式的网络广告优势。

4. 互动性

网络广告可以有效地吸引受众的参与、反馈,这种参与包括在线参与、线上线下结合的参与两种形式。

以在线参与为例,网络广告可以通过 Java、Flash 等技术手段编制程序触发用户行为。比如可以将网幅广告制作成一个小游戏,或是在大尺寸网幅广告内加入跟随鼠标移动的数字符号,或是有奖问答等,使目标受众能主动参与到广告本身的互动中来,甚至直接诱发在线购买行为。就线上线下结合的参与而言,可以先在线下取得某种标识,然后再采取网上抽奖(或摇奖)等方式,如饮料易拉罐瓶身印有二维码,用户扫描二维码后登录相应的网站就可以得到一次现场摇奖的机会;也可以先在线上得到某种提示,再在线下进行交互活动。如麦当劳在邮件广告中鼓励人们"转发麦当劳的球迷优惠券",网民在线上可以转发优惠券,在线下又可以凭着优惠券享受优惠。

(三)网络广告的优势

1. 网络广告是多维广告

传统媒体是二维的,而网络广告则是多维的,它能将文字、图像和声音有机地组合在一起,同时传递多感官的信息,让受众身临其境地感受商品或服务。网络广告的载体基本上是多媒体、超文本格式文件,受众可以对其感兴趣的产品信息进行更详细的了解。这种图、文、声、像互相结合的广告形式,大大提高了网络广告的效果。

2. 拥有最有活力的消费群体

据有关部门统计,互联网用户中82%的用户集中在经济较为发达地区,74%的年龄在18岁到35岁之间,65%受过大学以上教育。因此,网络广告的目标群体是目前社会上层次最高、收入最高、消费能力最高、最具活力的消费群体。这一群体的消费总额往往大于其他消费层次消费总额之和。

3. 制作成本低,速度快,更改灵活

网络广告的制作周期比传统媒体短,投放周期也更加灵活。此外,在传统媒体上发布广告之后很难更改,即使允许改动往往也得付出巨大的经济代价,而在互联网上做广告则可以按照客户需要及时变更广告内容。

4. 具有交互性和纵深性

交互性强是网络媒体最大的优势,不同于传统媒体的单向信息传播,网络媒体是一种全能的信息互动传播。通过超链接,用户只需简单地点击鼠标,就可以从厂商的相关站点中得到更多、更详尽的信息。另外,用户可以通过广告位填写并提交在线表单信息,广告主可以随时得到宝贵的用户反馈信息,进一步缩短了受众和广告主之间的距离。

5. 能进行完善的统计

网络广告通过 Cookie 技术以及时、精确的统计机制，使广告主能够直接对广告的发布进行在线监控，而传统的广告形式只能通过并不精确的收视率、发行量等来统计投放的受众数量。

6. 可以跟踪和衡量广告的效果

广告主能通过互联网即时衡量广告的效果。通过监视广告的浏览量、点击率等指标，广告主可以统计出多少人看到了广告，其中有多少人对广告感兴趣从而愿意进一步了解广告的详细信息。因此，较之其他任何广告，网络广告使广告主能够更好地跟踪广告受众的反应，及时了解用户和潜在用户的情况。

（四）网络广告创意策略

在一般网络广告实践中，通常有以下五种策略可供广告创意人员选择。

1. 坦诚布公式

指在广告中，客观公正地将自己的产品性能及特点传达给顾客。一般可以通过两种表现方法来实现：一是产品展示法，即借助科学手段和方法（物理、化学等），使人们能客观、直接地看到产品特性。二是名人、权威导向法，为了达到客观性与说服性，合理利用名人效应和权威效应是可取的。如耐克网络广告《信由心生——莎拉波娃篇》。

2. 说服感化式

指在战术上先制造悬念、给予诱惑（利益或情感），再诱导消费者产生购买行为的方法。如诺基亚悬念式网络广告《在线寻找诺基亚的神秘宝藏》。

3. 货比三家式

指消费者在购买某种商品前，一般都喜欢先进行比较，再做购买决定。针对这种"货比三家"的心理，网络广告创意中也要运用相应的战术。而最常运用的，就是反证的方法（常常可以收到异乎寻常的好效果）。一般广告通常都只讲自己产品或企业的优点,对缺点则避而不谈。但是过度的吹嘘往往会引起消费者的逆反心理。而反证法以退为进,以讲缺点为主,反而会使消费者认为网络广告诚实可信,可取得好的效果。

4. 诱"客"深入式

指利用问卷、提示甚至夸张比喻的手法将顾客"强行"拉过来的一种广告战术。诱"客"深入方法之一:邀请消费者参与,如请消费者来设计广告标志、广告图案、广告用语等,并许以奖励来诱惑消费者积极参与。诱"客"深入方法之二:诱使顾客行动,如通过消费者最爱的明星的号召邀请其参与品牌活动。

5. 契约保险式

它是网络广告的又一经典战术。在网络广告中提供契约保险的目的有两个:一是为顾客的购买行为本身做担保;二是在心理上打破消费者的顾虑,给消费者吃一颗定心丸。

(五)网络广告的创意形式

好的广告战术需要用好的形式来表现。随着网络技术的成熟,网络广告可运用的创意形式越来越多。

1. 按形式分

(1)横幅广告(Banner)

又称旗帜广告,一般为长方形,类似于旗帜散布在网页上的固定位置。

(2)按钮广告(Button)

又称图标广告,将公司、产品图像与图标结合,多放置于网页左右两边。

(3)全屏广告

当浏览者打开网页时广告画面逐渐扩大,覆盖全屏。有的全屏广告在显示3～5秒之后,会自动收缩至页面顶部成为横幅广告;也有的全屏广告,除非浏览者点击它,否则不会收缩。

（4）游戏广告

指利用互动游戏技术将嵌入其中的广告信息传达给浏览者的广告形式。将广告引入游戏是一个创新,往往能产生强烈的广告效果。

2. 按内容分

（1）网幅广告（包含 Banner、Button、通栏、巨幅等）

以 GIF、JPG、Flash 建立的图像文件,定位在网页中,大多用来表现广告内容,同时还可使用 Java 语言等使其产生交互性。

（2）文本链接广告

以一排文字作为一个广告,点击可进入相应的广告页面。这是一种对浏览者干扰最少,但却较为有效果的网络广告形式。有时候,简单反而更让人喜欢。

（3）电子邮件广告

具有针对性强、费用低廉的特点,且广告内容不受限制。针对性强是指它可以针对具体某一个人发送特定的广告。

（4）赞助式广告

类型多样,比传统网络广告给广告主更多选择。

（5）插播式、弹出式广告

访客在登录网页时强制插入一个广告页面或弹出广告窗口,类似电视广告,都是打断正常节目的播放,强迫观看。插播式广告有各种尺寸,有全屏的也有小窗口的,互动程度也不同。浏览者可以通过关闭窗口不看广告（电视广告是无法做到的）,但它们的出现没有任何征兆,而且肯定会被浏览者看到。

（6）富媒体（Rich Media）

指使用浏览器插件或其他脚本语言、Java 语言等编写的具有复杂视觉效果和交互功能的网络广告。这些效果的使用是否有效,一方面取决于站点的服务器设置,另一方面取决于访问者浏览器是否能查看。

（7）其他新型网络广告

包括视频广告、巨幅连播广告、翻页广告、祝贺广告等。

（8）网络 EDM 直投

通过向目标客户定向投放对方感兴趣或者是需要的网络广告及促销内容，以及派发礼品、调查问卷，及时获得目标客户的反馈信息。

三、移动新媒体广告创意

（一）移动新媒体广告的概念

移动新媒体，又称为手机媒体，主要是通过移动互联网进行信息传播的媒体传播方式。在新媒体时代，手机已不再是单纯的通信工具，还担负起了自媒体的传播重任。虽然目前移动新媒体大部分主要是通过手机向用户传递信息，但手机却不是移动新媒体的全部。移动广告是通过移动设备（手机、PSP、平板电脑等）访问移动应用或移动网页时显示的广告，广告形式包括图片、文字、插播广告、H5、链接、视频、重力感应广告等。当下移动营销已进入高速增长期，营销形式也趋于多样化。LBS、H5、大数据等技术的融合，使得移动媒体呈现出比 PC 媒体更大的发展潜力。

移动媒体和 PC 媒体的区别，一方面就在于移动媒体强大的社交功能，借助智能终端设备可以产生很多有趣的互动社交体验，例如近年来颇受关注的 VR 虚拟现实、AR 增强现实等技术，都给消费者带来了前所未有的感官冲击。另一方面是移动媒体的数据不同于 PC 媒体的数据，它拥有移动用户唯一 ID 号，PC 媒体则是借助 Cookie 来跟踪用户，其数据的稳定性与真实性跟移动媒体数据相差甚远。此外，LBS 等技术的加入，使得移动媒体数据可以为广告主绘制出更清晰、实时的用户肖像，让营销变得更精准高效。

（二）移动新媒体广告的特点

1. 精准性

相对于传统广告媒体，手机广告在精确性方面有着先天的优势。它突破了传统的报纸广告、电视广告、网络广告等单纯依靠庞大的覆盖范围来到达营销效果的局限性,而且在受众人数上有了很大超越,传播更广。手机广告可以根据用户的实际情况和实时情境将广告直接送到用户的手机上,真正实现"精准传播"。

2. 即时性

手机广告即时性来自手机的可移动性。手机是个人随身物品,它的随身携带性比其他任何一个传统媒体都强,绝大多数用户会把手机带在身边,甚至24小时不关机,所以手机媒介对用户的影响力是全天候的,广告信息的到达也是最及时、最有效的。

3. 互动性

手机广告互动性为广告商与消费者之间搭建了一个互动交流平台,让广告主能更及时地了解客户的需求,更使消费者的主动性增强,提高了自主地位。

4. 扩散性

手机广告的扩散性,即可再传播性,指用户可以将自认为有用的广告通过微信、短信、微博等方式转发给亲朋好友,直接向关系人群扩散信息或传播广告。

5. 整合性

手机广告的整合性优势得益于4G技术的发展速度,手机广告可以通过文字、声音、图像、动画等不同的形式展现出来,手机将不仅仅是一个实时语音或者文本通信设备,也是一款功能丰富的娱乐工具(影音功能、游戏终端、移动电视等),还是一种及时的金融终端(手机电子钱包,证券接受工具等)。

6. 可测性

对于广告业主来讲,手机广告相对于其他媒体广告的突出特点还在于它的可测性或可追踪性,使受众数量可准确统计。

(三)移动新媒体广告创意原则

1. 场景化原则

移动互联网时代,虽不受时空限制,但是广告主想要精准地投放并不是那么容易。因为广告要与时空相结合,在投放广告的时候要遵循广告场景化的原则。也就是说要根据用户的历史记录来推算出该广告适合在什么时间、什么地点投放,比如在午饭时间,在手机上会有午餐优惠活动跳出等,在用户急需的时候能够及时出现,这才不会让用户反感。如某咖啡品牌开发了一款闹钟 App,名叫"Early Bird(早起的鸟儿有虫吃)",鼓励用户按下闹钟后立即起床,若按下"起床"键 1 小时内到达就近的该品牌门店,即可获得一杯打折咖啡。这一创意不仅有效缓解了"起床拖延症",更将产品与用户习惯、生活场景做了有机结合。

2. 创意性原则

经过多年的发展,人们使用手机的习惯已经养成,在社交方面的应用已经占据首位,人们平均每天都会打开一次社交软件甚至更多,移动端浏览阅读量也赶超 PC 端。所以广告的投放也要因平台的特性做到多样化、多入口。在社交软件上的广告投放,不要太过严肃,一定要年轻而有活力。广告创意有时会起到至关重要的作用,好的广告创意让用户一看或一听就立马记住。

3. 渗透性原则

千万不要硬性的广而告之——"你看或不看我都在那里,你烦与不烦我都在那里,总之,我一直在那里。"直接的硬性广告让人感觉碍眼,最令人厌烦的是打开一个网页出现一个广告,当你点击关闭它却又打开了另一个网页,让人极度反感。最好的广告是别人不知道你在做广告,大家还都愿意看。这一原则,在网络新媒体和移动新媒体上都十分重要。

(四)移动新媒体广告的主要表现形式

1. 图片移动广告

图片移动广告目前最为普遍,它能够在短时间内抓住用户的眼球。图片类型的广告形式主要有三种。

第一种是 Banner 广告,即横幅广告。它可以是 GIF 格式的图像文件,也可以使用静态图形,这种广告形式在 App 的底部或者顶部出现,尺寸较小,对用户的干扰影响也较小。Banner 广告主要体现的中心意旨是形象鲜明表达最主要的情感思想或宣传中心。其特点归结起来就是短小精悍、重点突出,尤其是一些购物类 App 主页上的 Banner 广告,对引导用户消费起到很大作用。不过,有的移动广告平台的 Banner 广告都是轮播出现,太多的关键推送广告很容易让用户忽视它的存在。

第二种是插屏广告。相比于 Banner 广告,插屏广告图片丰富绚丽,并能够大尺寸展现应用特点,一般会出在应用开启、暂停、退出时以半屏或全屏的形式弹出,展示时机巧妙地避开用户对应用的正常体验。插屏广告因点击率高,转化好,深受广告主的喜爱,而极具优势的广告单价,也让插屏广告的开发者获益匪浅。

第三种就是全屏广告。全屏广告(Full Screen Ads)是在用户打开 App 页面时,以全屏方式出现 3 ～ 5 秒,可以是静态的页面,也可以是动态的 Flash 效果。全屏广告对于广告主来说,是一种广告效果最大化的广告形式,在广告发布页面里,它基本上可以达到独占。代表平台是今日头条等。

2. 富媒体移动广告

富媒体移动广告目前尚没有统一的行业标准,每个公司都有自己的一套分类方法。它的特点就是利用富媒体技术把大 K 数的广告文件(视频广告片、Flash 广告等)通过在大流量的门户网站上流畅地播放,从而达到一种强曝光、高点击的效果。

富媒体移动广告表现力丰富,其独特的智能后台下载技术,具有智能用户连接监测功能,可以充分利用空闲带宽。此外,这种网络广告还可以自动化追踪用户行为,易于监测富媒体移动广告效果。代表平台是 Twitter 等。

3. 视频移动广告

视频移动广告是指在移动设备内进行的插播视频的广告形式,分为传统贴片广告和 In-App 视频移动广告。视频移动广告是通过采用数码及 H5 技术,融合视频、音频及动画,在移动设备(手机、PSP、平板电脑等)操作移动应用过程中进行视频广告播放的模式。视频移动广告是移动互联网上一种广告模式,它的特点表现为:声影具备,碎片时间展示,不滞留手机页面,互动性、感官较性强。视频移动广告主要应用于各种移动应用,如电子书、手游、工具类软件等,以及一些移动设备上的视频播放器。一般在手机应用启动的时候,出现精美加载页面、视频广告,配合加载进度条,此模式与传统互联网视频,如优酷、新浪等相类似,较符合用户的习惯。代表平台是爱奇艺、优酷、腾讯视频等。

4. 积分墙移动广告

积分墙是第三方移动广告平台提供给应用开发者的另一新型移动广告盈利模式。积分墙是在一个应用内展示各种积分任务(下载安装推荐的优质应用,注册,填表等),以供用户完成任务获得积分的页面。用户在嵌入积分墙的应用内完成任务,该应用的开发者就能得到相应的收入。

积分墙分为有积分模式和无积分模式。有积分模式内含有"虚拟积分"的功能,开发者可以在自己的应用中设定消耗积分的地方,比如购买道具,以刺激用户在应用中安装积分墙的产品,获得积分进行消耗。无积分模式分为列表和单个应用两种展示模式,通常以推荐"热门应用""精品推荐"等为推荐墙入口,用户点击进入,便可看到推荐的优质产品。代表平台是积分墙。

5. 原生移动广告

原生广告(Native Advertising)算是移动广告中最新的广告表现形式。不过,目前国内外原生广告发展还处于萌芽阶段,对原生广告并没有一个精确的定义。基本上可以理解为,它是一种让广告作为内容的一部分植入到实际页面设计中的广告形式,以提升用户体验为目的的特定商业模式。其主要表现为广告内容化,并力求实现广告主营销效果、媒体商业化、用户体验三方共赢,而这种原生广告或成为未来移动应用的主流广告模式之一。

目前,国内外原生广告主要有谷歌 Instant App、夜神云手机等。以国内夜神云手机为例,当用户在手机或网站上点击 App 广告时,夜神云手机技术会将广告的呈现方式转化为内容形式,让玩家主动进行试玩,而非被动地接受广告,大大提高了用户对移动应用广告的认可度。在夜神云手机这种应用预览广告模式的支持下,移动应用的点击量、下载量、留存率及付费率均有明显提升,远远高出现有Banner移动广告与视频类广告的推送成效。

其实移动广告形式还远不止这些类别,由于现在的技术发展非常迅速,移动广告出现了各种新形式,但不管形式怎么变,其基本诉求都是一致的,即把广告的潜在价值通过具体的图片、文字、音频及视频的结合来吸引受众,从而达到广告营销的目的。为此,不管是像百度、谷歌这样的搜索引擎公司,还是360、腾讯等应用商店,又或是夜神云手机这样提供广告技术的公司,均在不断地探索和努力,让形式更加丰富,让效果更加明显。

四、户外新媒体广告创意

(一)户外新媒体广告的概念

在户外广告媒体的范畴中,区别于广告牌、街道设施、交通工具这三种传统户外形式,融合现代多媒体技术、各种制作工艺和表现形式而出现的户外广告媒体类型我们称之为户外新媒体,包括移动电视、楼宇液晶视频、户外 LED 大屏和基于数字网络技术的多种环境交互媒体。从 20 世纪 90 年代中后期开始,我国户外广告媒体渠道已经逐渐出现了星星点点的新兴媒体的应用,到了 21 世纪初期,伴随着数字技术、卫星技术、媒体终端的快速发展,户外新媒体广告开始初露端倪,并在 2005 年左右渐成气候。

(二)户外新媒体广告的创意特征

1. 独特性

户外新媒体广告与传统户外广告相比,在信息维度上表现得更加多样化,这使得户外新媒体广告在进行创新时更加注重对产品自身的宣传,往往在创意表现时将自己优于别的产品的内容显示出来。此外,户外新媒体广告的分众性较强,在信息内容上更多的关注消费者的特征,并以此为出发点进行设计创新。

2. 多维性

户外新媒体广告往往运用一些高科技技术,在创意过程中需要超越传统的二维性,向三维方向发展,这使得户外新媒体广告的创作有了更多的空间和可能。广告人员在创作时应该充分考虑内容的时空关系,并将其运用到具体的信息传递过程中。

3. 材料性

户外新媒体广告的材料往往不受空间维度的限制,既可以是平面材料,也可以是立体材料;既可以是人工材料,也可以是自然材料,不同的材料及其运用均会改变户外新媒体广告的基本形态和使用方式。

(三)户外新媒体广告的创意类型

1. 故事型

通过充满张力的情节吸引消费者。如 TNT 电视台的"炸弹按钮",这是该电视台一年一度的传统,不仅表达了"每天,都应该充满戏剧"的产品诉求,也成为市民每年的期待。

2. 环境型

通过与环境的巧妙结合吸引消费者。如雀巢"唤醒"广告牌,通过镂空广告牌与太阳升起到落下全过程的巧妙结合,让人们自己感受"雀巢,唤醒你的每一天"的产品诉求。

3. 体验型

通过与产品及服务的亲密接触吸引消费者。如阿迪达斯互动装置360度影片,阿迪达斯在欧洲十个城市推出这个互动装置,装置是一台360度摄像机,邀请用户进入设备内展现自己的球技,360度摄像头会记录用户影像,一旦拍摄完成,会生成一段影片推送到用户的手机上,方便用户进行分享。

又如南非雪佛兰汽车社交营销用"积极"来付费。每一秒,网络上就会产生

26 000 条负能量的信息,而雪佛兰想要通过这次活动证明,积极的态度可以让人走得更远。在南非,雪佛兰创建了一个以积极态度来付费的加油站,当用户停车要来加油的时候,加油箱上面会语音提示用户"请登录你的社交账户,用积极态度来付费"。用户登录后,系统会逐条分析用户所发内容的态度,如果是积极的言论就会增加免费的油量,用户的积极言论越多,所获得的免费油就越多。

可见,新媒体元素,不管是新媒体形态、新媒体技术还是新媒体传播理念,都已经极大地改变了户外广告的表现形式和创意设计,推动了户外广告的转型与发展。

第五章　品牌管理理论

第一节　品牌的相关理论

一、品牌的含义

（一）品牌的归属

在确定"什么是品牌"之前,我们必须首先来思考并回答"品牌属于谁"。这个问题看上去很简单,其实却很深奥。这个问题如果处理不好,企业的品牌战略就会误入歧途。

1. 第一种观点:品牌属于企业

这种观点认为,品牌（尤其是自主品牌）就像是企业的孩子,是由企业一手养育的。美国西北大学凯洛格商学院副教授、先知品牌咨询公司合伙人斯科特·戴维斯在《品牌资产管理》一书中指出,每一位管理者甚至雇员的行为举止、活动交际都会影响消费者对品牌的认知和理解。企业的每一位员工都在参与品牌的塑造和管理,都应该是品牌的拥有者。品牌是在管理者和员工的精心培育下茁壮成长的,帮助企业获得市场的青睐,获得溢价的高额销售;而且管理者也有权利将已经成熟的品牌转卖给其他公司。企业在法律上对品牌拥有经营权、处置权,品牌理所应当属于企业。

2. 第二种观点:品牌属于消费者

有学者认为,品牌根本就不属于企业,品牌从本质上来说是属于消费者的。支持这一观点的理由是每年有大量的企业投入巨资打造品牌,他们做广告、搞公关,信誓旦旦号称自己的品牌是一流的,但消费者却根本不认账。比如中国的国产奶粉,无论是企业自己做广告,还是政府相关部委一再发布公告或通过相关数据证明国产奶粉的质量是可靠的,国产奶粉的各项质量指标比外国奶粉还要严格,但还是挡不住中国人在世界各地大肆抢购外国奶粉;国内媒体再怎么强调日本的马桶盖都是中国生产的,但中国游客还是到日本抢购马桶盖。所有这些现象都说明一个问题:品牌不是以企业的意志为转移的,品牌不会因为企业想怎样就怎样,品牌是存在于消费者的认知里的,消费者认为品牌是什么样,品牌就是什么样。不管中国企业怎么宣传,消费者就是认为外国奶粉是好奶粉,中国奶粉与之相比质量就稍差。正因为如此,国际广告教皇大卫·奥格威指出,品牌存在于消费者的认知里;联合利华前董事长迈克尔·佩雷直截了当地指出,消费者拥有品牌;营销学者科波·瓦尔格雷、努贝尔、唐苏等人指出,品牌是一个以消费者为中心的概念。如果品牌对消费者来说没有任何意义,那么它对于投资者、生产商或零售商也就没有任何意义了。"品牌属于消费者"的观点告诉企业经营者一个非常残酷的事实:离开了消费者,企业无法自主打造品牌。

3. 第三种观点:品牌归企业和消费者共同拥有

美国品牌咨询顾问弗朗西斯·麦奎尔指出,一个好的品牌是来自企业的好想法与顾客心灵契合的产物。英国品牌咨询顾问彼得·威尔士和提姆·赫里斯的观点更加全面,他们认为,营销者并没有控制品牌,而是为品牌提供了成长的前提条件,在品牌成长的过程中,营销者和消费者都参与其中,品牌是企业和消费者共同创建的。这个观点其实反映了品牌归属的三个角度:一是从法律的角度来看,品牌属于企业,企业拥有对品牌的各项法律权利;二是从心理的角度来看,品牌属于消费者,只有被消费者认知和认同的品牌才能为企业带来利益;三是从管理的角度来看,品牌属于企业和消费者共同拥有,企业只有将消费者的需求融入品牌的规划中并且不断地加以推广传播,品牌才能基业长青。

(二)品牌的定义

提到品牌,人人都可以进行定义,这似乎是一个很简单的问题,许多人生活中也经常用这个词,但真正研究品牌,人们才发现根本不是这么简单。品牌最早是烙在动物身上以示区别的标记,随着商品经济的发展、企业竞争的加剧、消费者购买理性的成长,品牌逐渐负载了越来越多的内涵。正如凯文·凯勒教授所言,品牌已经成了一个复杂的、多面性的概念,甚至每个国家对于品牌内涵在理解上都有所不同。直到目前为止,国内外理论界对品牌的含义始终没有形成一个统一的、权威的解释,众说纷纭,各人从各自不同的角度进行阐述,并没有一个公认的全面的概念界定。大致归纳一下,目前学界对品牌的定义可以分为四类。

1. 品牌是区隔符号

荷兰学者里克·莱兹伯斯认为品牌最原始的含义就是区隔的工具,英语中"品牌"(Brand)一词起源于中世纪古挪威词语"Brandr",意思是"烙印",是指烙在动物身体上以区分所有权的标记。中世纪时,西方游牧部落在牛马背上打上烙印,用来区分不同部落之间的财产,上面写着一句话:"不许动,它是我的",并且附上各个部落的标记。这就是最初的品牌标记和口号。另一种比较流行的说法是"品牌"一词源于19世纪早期英国生产威士忌酒的生产商,在装酒的木桶上打上标识,用来表明酒的生产商,是商人用作质量、信誉保证的标识。不管哪种说法,品牌都是产品符号的标记。可见,早期的品牌是厂商区隔的标志,类似于今天的商标(Trademark)。

1960年,美国市场营销协会(American Marketing Association, AMA)在《营销术语词典》中提出:"品牌是一种名称、术语、标记、符号或设计,或是它们的组合运用,其目的是借以辨认某个销售者或某群销售者的产品或服务,并使之同竞争对手的产品和服务区别开来。"

美国营销学大师菲利普·科特勒也为品牌下过类似的定义:"品牌是一个名字、称谓、符号或设计,或是上述的总和,其目的是要使自己的产品或服务有别于其他竞争者。"

上述定义反映了这样三个事实:一是品牌与符号有关。品牌的外在表现就是一个名称或符号,名称或符号就指代了品牌。二是品牌是一种区分的工具。可以用来区分不同的产品和生产者。三是企业和消费者以不同的目的使用品牌。消费者利用品牌来辨认不同的产品或厂家,企业则利用品牌来和竞争者形成区隔。

总之,把品牌界定为用来区隔不同产品或生产者的符号这种定义实际上是从最直观、最外在的表现出发,而人们今天仅仅用来区隔不同产品,有一个更确切、更具法律效力的词,就是"商标",所有的产品都有商标(除了会被工商局查扣的"三无"产品),但并不是所有有商标的产品都是品牌。品牌用作识别和区隔的符号,是品牌必须具备的基本条件,却不是全部的条件,不能涵盖品牌所包含的全部内涵。

2. 品牌是信息载体

随着社会经济的迅猛发展,市场上的商品越来越丰富,可供人们选择的同类产品越来越多,人们需要了解更多的产品信息来帮助自己进行购买决策,比如产品的质量、性能、特色等,满足自己的功能性和精神性需求。于是,品牌不光要能使消费者识别,还必须承担起更多的使命,即传递生产者提供给消费者的各种信息和承诺,成为消费者一系列联想的载体。比如海飞丝洗发水去头屑,奥妙洗衣粉强力去污,沃尔沃是最安全的汽车,佳洁士防止蛀牙,帮宝适让宝宝干爽舒适,等等。

正因为品牌承载了非常丰富的内涵,因此不少学者把品牌定义为企业传递给消费者的全部信息的载体。1955 年,美国广告大师大卫·奥格威对品牌作了定义:"品牌是一种错综复杂的象征,它是品牌的属性、名称、包装、价格、历史、声誉、广告风格的无形组合。品牌同时也因消费者对其使用的印象及自身的经验而有所界定。"

美国品牌学者林恩·阿普绍在谈到品牌时说:"从更广的意义上说,品牌是消费者眼中的产品和服务的全部,也就是人们看到的各种因素集合起来所形成的产品表现,包括销售策略、人性化的产品个性及两者的结合等,或是全部有形或无形要素的自然参与,比如品牌名称、标识、图案这些要素等。"

美国营销大师菲利普·科特勒认为品牌包含六个方面的内容:一是产品的属性;二是产品提供给消费者的功能性或情感性利益;三是生产者的价值观;四是产品背后的文化;五是品牌代表的个性;六是产品的使用者。

把品牌当作传递信息、产生联想的载体,这种定义貌似面面俱到,但这种简单罗列的做法实则让人一头雾水、不得要领,不能让人明确了解品牌究竟是什么。

3. 品牌是关系集合

有学者认为,品牌是企业和消费者共同拥有的,一个品牌的成功实际上是企业和消费者共同努力的结果。因奥美广告公司把品牌定义为:"品牌是一个商品透过消费者生活中的认知、体验、信任及感情,挣到一席之地后所建立的消费者与产品间的关系。消费者才是品牌的最后拥有者,品牌是消费者经验的总和。"

亚马逊公司的创始人及首席执行官杰夫·贝佐斯说:"品牌就是指你与客户之间的关系,说到底,起作用的不是你在广告或其他宣传中向他们许诺了什么,而是他们反馈了什么及你又如何对此作出反应。"

上海财经大学教授王新新认为:"品牌是一种关系性契约,品牌不仅包含物品之间的交换关系,而且还包括其他社会关系,如企业与顾客之间的情感关系;企业之所以要建立品牌,是为了要维持一种长期、稳定的交易关系,着眼于与顾客未来的合作。"

"关系说"强调了品牌创建过程中消费者的作用及企业创建品牌的目的就是建立品牌与消费者的关系,但却实在不能表达品牌的概念。

4. 品牌是无形资产

1992年,美国学者贝尔认为:"品牌资产是一种超越生产、商品及所有有形资产以外的价值。品牌带来的好处是:其未来的品牌价值远远超过推出具有竞争力的其他品牌所需的扩充成本。"法国品牌专家让·诺埃尔·卡普费雷认为,品牌对于公司来讲代表了一份价值连城的合法的财产。这份财产能够影响消费者的行为,并且在它被购买和出售的过程中确保它的主人以后会有源源不断的收入。美国著名的广告代理商 BMP 执行董事费尔德·维克也对品牌做过这样的解释:品牌是由一种保证性徽章创造的无形资产。

《大营销世纪营销战略》一书对品牌这样定义:"品牌是一种独立的资源和资本,它是能够进行营运的……品牌是一种知识产权,也可以像资本一样营运,实现增值。"

把品牌定义为一种无形资产,是站在经济学和会计学的立场,说明了品牌作为一种无形财产能够给企业带来可观的财富和利润,它强调了品牌对于企业的价值和意义,但本身却没有解释什么是品牌,显然,拿它来作为品牌的定义也是不妥的。

二、品牌的类型

(一)按照品牌化的对象进行分类

从品牌化的对象视角来划分,品牌可以分为产品品牌、服务品牌、组织品牌、个人品牌、事件品牌、地点品牌等六种类型。

1. 产品品牌

产品品牌是指运用在有形产品上的品牌。例如,可口可乐、宝马、劳力士、康师傅、美的,等等。产品品牌是人们在日常生活中最容易接触到的品牌,这类品牌通常跟特定的产品联系在一起。比如"白加黑"感冒片、佳洁士牙膏、海飞丝洗发水、邦迪创可贴,等等。产品品牌可以分为两大类:消费品品牌和工业品品牌。

消费品是最早引入品牌理念的行业。有学者认为,如果以品牌对企业销售或利润所做的贡献大小来衡量,品牌在消费品领域的贡献是最大的。英国著名的 Interbrand 公司每年公布的品牌 100 强排行榜中,消费品品牌占据的比例最大,2014 年这一比例达到 60% 以上,包括某品牌、三星、可口可乐、奔驰、路易威登、本田、丰田、耐克等,都属于消费品品牌。

工业品属于 B2B 行业,工业品的顾客都是公司客户,采购者具有丰富的产品知识和行业经验,因此以前普遍认为工业品不需要做品牌。但近年来这种情况有了很大的改变,许多 B2B 公司也针对公众开展营销与推广工作,致力于创建品牌,利用品牌的知名度和美誉度帮助企业开拓公司客户和政府采购。像英特尔、IBM、思科、3M、埃哲森、美孚、卡特彼勒、立邦、波音等这些工业品品牌,在世界品牌排行榜中影响力非常显赫。

2. 服务品牌

服务品牌是以服务产品为主要特征的品牌,例如麦当劳、星巴克、联邦快递、中国的顺丰快递、德邦物流、希尔顿酒店、迪士尼、维萨卡、中国银联等。相对于有形产品,服务产品是无形的,服务产品的质量具有无形性、多变性和不稳定性,顾客在购买时面对无形和抽象的服务产品,选择起来难度更大。因此大力创建服务品牌,通过品牌传递服务企业的质量、特色、理念和文化,让顾客感知,就变得特别重要了。例如,某品牌着力打造的"第三空间"品牌理念和文化,使得该品牌在众多的咖啡馆中瞬间脱颖而出,获得巨大的成功,今天已成为全球最大的咖啡连锁店。Interbrand 公司的约翰·墨菲说:"过去 30 年里,最成功实现品牌化的例子出现在服务行业。"

3. 组织品牌

组织品牌是运用在公司或非营利性组织整体层面上的品牌。例如,三星、西门子、联想、索尼等。对于企业来说,有些企业采用了公司名称和产品名称保持一致的品牌策略,如三星、西门子等;也有些企业采用了公司名称与产品名称不一致的策略,如宝洁公司、联合利华、莫里斯公司,等等。前者属于典型的组织品牌,后者分为两种情况:一种是同时打造组织品牌和产品品牌,即既宣传企业也宣传产品,如宝洁公司和联合利华;另一种则专门打造产品品牌,公司名称却刻意低调,如生产大名鼎鼎某品牌香烟的莫里斯公司,生产康师傅方便面、饮料的顶新集团。

采用组织品牌最大的优势在于可以在公众心目中树立专业的、有实力的、可

信赖的组织形象,使得在这一品牌旗下推出的所有产品都得到顾客的青睐。例如
海尔作为中国人比较信赖的家电品牌,海尔公司生产的电视机、洗衣机、冰箱、空
调、微波炉等都得到市场上顾客的信任,有利于公司不断延伸推出新产品。此外,
许多非营利性组织也致力于打造组织品牌,以期得到社会各界的支持,例如哈佛、
牛津、剑桥、国际奥委会、红十字会、中华骨髓库等。

4. 个人品牌

个人品牌是指以个人作为品牌化对象的品牌。现在,对个人进行营销、建立
个人品牌已经逐渐被社会大众所接受。采用个人品牌以下列两种情况最为常见。

(1)公众人物

公众人物本身就是广义概念上的产品,如政治家、演艺人员、体育明星等,他
们要想赢得公众的接纳和支持,就必须打造符合公众愿望的理想形象,只有获得
了知名度和美誉度,他或者他背后的组织才可能由此而获益。2012 年中国品牌
研究院专业评估发布的"2011 年中国个人品牌价值百强榜"中,李娜以 1.8 亿元
的个人品牌价值排名第一,姚明位居第二,林志玲第三,身价都超过了 1 亿。

(2)企业 CEO

现在有些高科技企业或者互联网企业,由于专业技术性过强,如果对外宣传
产品,一般民众很难理解产品的特色和优势,也无法判断产品的质量和性能,而
借用 CEO 的名字,着力打造成功的 CEO 个人品牌,通过 CEO 个人品牌的传播
和宣传,其影响效果会大大超过常规的营销传播效果。有时候一个成功的 CEO
甚至能够引起粉丝疯狂的追捧和崇拜,他所在公司的产品自然受到市场的热
捧。比如,某品牌公司的乔布斯、微软公司的比尔·盖茨、阿里巴巴的马云、脸书
(Facebook)的扎克伯格等,都是通过打造成功的个人品牌,吸引了大批的追随者。

5. 事件品牌

事件品牌是指以事件为载体的品牌。所谓"事件",可以包括体育、会展、节
庆、演出等,如奥斯卡颁奖、戛纳电影节、奥运会、世博会、世界一级方程式锦标赛、

环法自行车赛、达沃斯经济论坛、乌镇戏剧节、汉诺威工业展、足球世界杯、G20峰会等。当下公众的注意力是个稀缺资源,企业或组织者举办的活动越来越多,主办者希望能够吸引更多的参与者参加进来,从而获得举办事件的社会效益或经济效益,因此,打造事件品牌就成为必然。例如,足球世界杯不仅获得全世界足球迷的支持和关注,而且每次都可以获得丰厚的收入,包括电视转播收入、赞助收入、标识许可使用收入、门票收入、纪念品收入等。

6. 地点品牌

地点品牌是指以地理位置作为对象的品牌。凯文·凯勒说过:"如同产品和人一样,地理位置也可以品牌化……它的功能就是让人们认识和了解这个地方,并对它产生一些好的联想。"城市、地区和国家可以通过广告、邮件和其他方式向外界推销自己,以提高自己的知名度,塑造积极的品牌形象,吸引外来的个人或公司来此旅游、居住或投资。目前我国不少地方都在以自己的某种特色为定位,打造专属自己的城市品牌、地区品牌,比如"最美乡村婺源""时尚之都大连"等。国际上,许多国家也都在着力打造自己的地点品牌、城市品牌,比如澳大利亚的大堡礁、音乐之都维也纳、浪漫之都巴黎等。

(二)按照品牌的权属进行分类

按照品牌的权属来划分,品牌可以分为自主品牌、特许品牌和联合品牌三种类型。

1. 自主品牌

所谓自主品牌又称自有品牌,是指企业自创的品牌,企业对品牌标识、名称等系列符号拥有排他性的使用权。根据品牌产品在生产经营环节的不同,自主品牌又可以分为生产商品牌和中间商品牌两大类。

(1)生产商品牌

生产商品牌是指生产产品的企业自己创建的品牌。在日常生活中人们接触到的品牌绝大多数是生产商品牌,如索尼、三星、百事可乐、英特尔、某品牌、华为、联想、欧莱雅等。

（2）中间商品牌

中间商品牌是指中间商根据市场上消费者对某种产品的需要，自设生产基地或者委托某个生产企业根据自己的要求生产产品，然后冠以中间商的商标将产品出售。在中间商品牌中最常见的就是零售商品牌。某些零售企业，利用自己在市场上的知名度及消费者对自己的信任，用自己创建的零售企业品牌推销产品，吸引一些市场知名度或影响力比较低的生产企业将自己的产品卖给它，然后用零售商的品牌把商品卖出去，从而获得更多的收益。20世纪80年代以来，中间商品牌得到了很快的发展，欧美许多国家的大型超市、连锁店、百货商店几乎都出售标有零售商自有品牌的商品，比如在中国市场上经常可以看到的欧尚大拇指商品、苏果超市的苏果商标产品，英国马斯百货所有销售的商品都冠以马斯的品牌标识。

2. 特许品牌

所谓特许品牌是指有些企业经过申请得到许可，使用其他生产商已经创建起来的品牌，企业只要向品牌所有者支付一笔费用，就可以使用其品牌符号和标识，这些生产企业使用的品牌就是特许品牌。如世界上有许多企业获得迪士尼的许可，使用迪士尼的商标、符号及米老鼠标志等卡通形象。有的企业干脆就是贴牌生产，按照品牌企业的订单组织生产，如耐克运动鞋、芭比娃娃、恒源祥服装等，包括前述的中间商品牌，严格来讲也是一种贴牌生产。目前中国大部分中小企业都从事贴牌生产。

3. 联合品牌

联合品牌是指两个已经创立了不同品牌的企业把品牌名称用在同一个产品上。联合品牌的优点很明显，由于两个品牌在各自的产品种类中往往占据统治地位，因此联合起来的品牌可以强强联合，具有更强的吸引力和更高的品牌价值；还可以使企业把已有的品牌扩展到依靠自己原有品牌难以单独进入的领域中去。

如"索尼"和"爱立信"联合推出"索爱"品牌手机,就是充分利用了"爱立信"作为全球知名通信设备生产商和"索尼"具有设计、创新特点的品牌声誉优势。

三、品牌与相关概念的关系

(一)品牌与产品的关系

1. 品牌与产品的相互关系

关于品牌和产品的关系,现在学界有两种观点:一种是传统的以美国品牌权威学者凯文·莱恩·凯勒为代表,认为产品是主体,品牌只是产品的标识。凯文·凯勒教授指出,品牌就是产品,但它是加上其他各种特性的产品,以便使其以某种方式区别于其他用于满足同样需求的产品。另一位美国营销学者阿尔文·阿肯保也认为,能够将一个品牌与其未品牌化的同类产品相区分,并且赋予它资产净值的是消费者对该产品的特性、功能、品牌名声及相关企业的感受与感觉。我国学者武汉大学黄静教授也坚持认为,产品是品牌的主体,品牌依附产品,因为品牌利益由产品属性转化而来,品牌核心价值是对产品功能性特征的高度提炼,品牌借助产品来兑现承诺。产品质量是品牌竞争力的基础。

另外一种观点以美国现代企划鼻祖史蒂芬·金为代表,认为品牌是主体,产品只是品牌的载体。史蒂芬·金这样说道:"产品是工厂里生产出来的东西,品牌是由消费者带来的东西;产品是可以被竞争者模仿,品牌却是独一无二的;产品极易过时落伍,但成功的品牌却能持久不衰。"世界著名的品牌标识设计与咨询公司浪涛公司总裁华尔特·浪涛有过一句非常经典的名言:"产品是工厂里制造出来的,品牌则是消费者心智里创造出来的。"我国大部分学者均支持这种观点,认为品牌是主体,产品仅仅是品牌的载体,品牌甚至可以脱离产品独自运行。

上述两种观点其实都承认品牌跟产品密切相关,品牌的概念范畴远远超出产品的概念范畴,所不同的是两者谁为主、谁为辅的问题。笔者认为两种观点都失之偏颇。我国品牌实战专家张正、许喜林对品牌和产品关系的分析最为精到准确。他们认为,任何一个成功的品牌都历经了品牌成长的两个阶段,第一个阶段先是捆绑,品牌与产品紧紧联系在一起,相辅相成,共同成长,品牌定位、品牌个性通常在这一时期形成;第二个阶段是松绑,即品牌与具体产品分离,品牌不再专门指向某一产品、某一类别,而是脱离原来具体的产品为企业业务的延伸提供支持,即品牌延伸。这一阶段企业不仅借用原来品牌的信誉带动新产品入市,而且还要赋予品牌更多的新的内涵,使品牌核心价值进一步丰富化,以适应新产品、新业务领域对品牌的要求。

由此,笔者认为品牌和产品究竟谁为主、谁为辅取决于企业品牌建设的过程之中。在创建品牌之初,产品是核心,品牌就是产品的标识,产品的性能、功效决定了品牌的价值,品牌对于消费者的承诺也是通过产品得以实现。例如瑞士的劳力士、欧米茄手表,德国的奔驰、宝马,瑞典的沃尔沃,美国的某品牌手机,无一不是靠卓越的品质、精良的设计、先进的技术工艺得到消费者的青睐,然后才被消费者视为知名品牌的。

然而,当品牌建立起来之后,尤其是当它有了强大的市场影响力和号召力,培养了一批忠实顾客之后,品牌就可以渐渐脱离原来的产品,独立运行。企业可以用这个品牌延伸推出新的产品,比如"康师傅"原来只是方便面,后来"康师傅"有饮料、有糕点。海尔原来只是冰箱,后来海尔还有电视机、洗衣机、空调、微波炉,等等。

品牌不仅可以与它所代表的产品或服务分开,甚至可以与创建它的企业分开,进行独立运作。说品牌可以与产品分开,举个例子:中国广东东莞一家鞋厂生产的一双运动鞋,当它是为德国"阿迪达斯"贴牌生产,贴上"阿迪达斯"的商标标识时,这就是一双"阿迪达斯"品牌的鞋;要是该企业收到"耐克"的订单,为"耐克"贴牌生产,这双鞋就变成了"耐克"品牌的运动鞋。鞋还是这双鞋,产品没变,品牌却不一样。如果越南人也给"耐克"做贴牌,那么很有可能,同样是"耐克"鞋,有可能是越南生产的,也有可能中国生产的,还可能是印度生产的,同样一个品牌,产品却完全不是一个产品。

品牌不光可以脱离产品,品牌还可以脱离企业。如"劳斯莱斯"原来是英国维克斯集团的品牌,1998 年该品牌卖给了德国大众,现在属于德国大众。"中华牙膏"也不是上海日化的品牌了,它现在的主人是英国联合利华。瑞典的"沃尔沃"在 1999 年被美国福特收购,2010 年 8 月又被中国吉利集团收购。

当然,并不是所有的品牌都可以脱离产品成为主体独立运行的。品牌能否跟具体的产品松绑甚至脱离企业,首先取决于品牌的强度,只有强势的品牌才能够赢得顾客,才能够具有价值进行出售。其次,品牌能否脱离产品还取决于品牌的内涵。品牌内涵越是丰富就越容易脱离产品,反之,就只能跟具体的产品紧紧地捆绑在一起,一旦产品消失就只能黯然退出市场。比如柯达胶卷、施乐复印机、三株口服液、健力宝饮料及一些消失的中华老字号,都是因为这些品牌只是产品的标识、产品的载体,产品一旦被市场淘汰,品牌也就寿终正寝。

2. 品牌与产品概念的区别

品牌与产品两者概念的区别,主要表现在以下三点。

第一,产品是具体的存在,而品牌存在于消费者的认知里。产品是物理属性的组合,具有某种特定功能来满足消费者的需求,产品可以是有形的,也可以是无形的,但它一定能够满足消费者某一方面的需求,具有功能利益;而品牌是消费者使用了产品后所形成的想法和情感,是消费者心中想法、情感、感觉的总和。例如,提到"高露洁",人们会联想到美国牙膏、质量好、防蛀牙、价格合理等信息。

第二,产品生成于工厂,而品牌形成于整个营销环节。每个品牌下面必定有个产品,但不一定所有的产品都成为品牌。产品在工厂中生产出来,但它会成为怎样的品牌却完全取决于整个营销环节。比如定个高价,人们可能认为它是高档产品,价格定得比较低,顾客可能认为它是一般性产品;企业选择的销售渠道也会影响消费者对品牌的认知,消费者一般都会认为专卖店卖的产品可能会比较高档,地摊和超市卖的产品可能会比较低档。除此之外,广告宣传、促销方式、代言人等也会影响到人们对品牌的感受和认知。

第三,任何产品都会有生命周期,而强势品牌却可以脱离具体的产品基业长青,甚至可以反过来主导产品。比如,现代科学技术的迅猛发展使得企业产品的更新越来越快,旧的产品不断被淘汰退出市场,新的产品不断被研发出来,一个成功的优秀品牌不仅可以继续代表新的产品,而且可以反作用于产品:它使得新产品按照它所蕴含的品牌价值和品牌个性进行产品的设计和生产。

由此可见,品牌的概念与产品的概念虽然密切相关,但品牌的概念远远超出产品概念的范畴。品牌除包含产品本身所具有的基本特性外,还包括品牌使用者形象、原产地、品牌个性、品牌符号、品牌与顾客关系、品牌的自我表现性利益和情感性利益等丰富内涵。

(二)品牌与商标的关系

很多人分不清商标(Trademark)和品牌(Brand)之间的关系,错误地把商标和品牌混为一谈。其实,两者虽然具有共同点,都是用名称、图案区别自己产品和他人产品的可视性标识,具有标识和区隔的功能。但商标和品牌显然是两个完全不同的概念。

首先,商标是法律概念,品牌是营销概念。商标是一个法律概念,强调的是法律保护。任何一个企业只要到工商管理部门对自己的商标进行了注册,它就拥有了对商标的所有权,别人再使用就会构成侵权。而品牌则是一个营销概念,是产品拥有市场影响力和号召力、赢得消费者青睐、具有经济价值的标志,强调的是市场效应。比如化妆品"霞飞"、自行车"永久""凤凰"、剪刀"王麻子"等都是商标,但却没有市场效应。

其次,商标是静态的概念,品牌是动态的概念。说商标是一个静态的概念,是指企业只要依法对商标进行了有效注册,在有效期内,它一直享有对商标的所有权,不管注册企业有没有使用这个商标及这个商标有没有市场效应,别人都不能再使用。而品牌是一个动态的概念,品牌可以扩展、延伸、收缩,品牌存在于消费者的心智中,当消费者对该品牌的产品或服务不满意时,他可以轻而易举地在脑海中把这个品牌的烙印清除掉,而商标依然存在。

第三,商标是单一的概念,品牌是多元的概念。商标仅仅是企业或产品的识别符号,它包括文字、图案、字体、颜色等具象的形式,是可视的;而品牌则既包括商标等可视性符号,还包括产品的质量、特色、形象、个性、使用者、文化、价值主张等抽象性内容,品牌的内涵多元而且丰富。

第四,商标的使用范围相当规范,品牌的使用范围却不是很规范。商标在使用上有着严格的规范,只有产品(实体产品或服务产品)才能使用商标,但品牌的使用范围不是很规范。有时一个地名也会成为一个品牌,比如北京中关村、美国硅谷;一个艺名"papi 酱";一个电视栏目"非诚勿扰""中国好声音""爸爸去哪儿了",都可以成为品牌。

(三)品牌与名牌的关系

20 世纪 90 年代,"名牌"一词广泛出现在各种媒体报道、政府相关文件、各种会议和社会企业大量的评选活动中。但是很多学者反对使用"名牌"的概念,他们认为,"名牌"一词的说法不科学、不严谨,而且政府和媒体大力倡导使用这个词还会产生一定的弊端。早在 1997 年,中山大学的卢泰宏教授就在《人民日报》上撰文反对使用"名牌"的概念。卢教授认为,"名牌"的提法从字面上强调企业的知名度,这就有可能误导企业家,认为只要出名,就可以成为强势品牌。确实当年有很多企业根本不理解什么是品牌,误把"名牌"当品牌,盛行炒作、造势、进行广告轰炸,品牌建设误入歧途。最典型的一个例子就是秦池酒厂,为了出名,不惜代价砸了几个亿成为中央电视台广告标王,虽然短期内名满天下,但终究由于没有内涵、缺乏深度,最后一败涂地。所以只有切实区分品牌和"名牌"的不同概念,企业才会真正认识到品牌塑造不是一朝一夕的事情,需要长期精心的培育和积累。

当然也有学者认为,所谓"名牌"就是指知名的品牌,"名牌"不光是指知名度,同样包括美誉度。"名牌"一定是品牌,是有强大社会影响力的品牌,不应该排斥"名牌"概念的使用。但大多数学者还是认为不应该使用"名牌"一词,理由是:第一,"名牌"不是国际通用语言;第二,"名牌"是个相对的、模糊的概念,难以科学地衡量;第三,使用名牌概念,容易误导企业只注意品牌知名度,而忽视品牌在知名度以外更复杂、也更重要的其他内涵,比如品牌联想、品牌个性、品牌关系等。

四、品牌的作用

(一)品牌对消费者的作用

1. 识别产品来源,简化购买决策

品牌首先就是一个标识,具有识别功能。品牌是产品的标识,代表着产品的品质、特色、承诺。品牌经过国家有关部门登记注册后,成为企业的代号,代表着企业的经营特色、质量管理要求、产品形象等。随着社会生产力水平和人民消费水平的不断提高,市场上的商品越来越丰富。但消费者的认知容量及搜寻信息的时间和能力是有限的。尤其是一些高科技产品,面对扑面而来的规格参数和专业术语,消费者往往很难搞懂,而不同的制造商提供的产品在技术上又难以区别,为了节省时间,降低搜寻产品的成本,最经济合理的办法就是根据品牌进行取舍。根据市场调查发现,消费者"认牌购买"已经成为一种极其普遍的现象,尤其是价格较高、技术含量较高的产品消费者更是依据品牌进行选择。在人们生活越来越复杂、节奏越来越快的现代社会,品牌简化了购买决策、降低了搜寻成本,成为消费者作出购买决定的线索和信号。

2. 追溯生产者责任,降低购买风险

品牌作为一种产品的标记,代表着产品的生产者。当产品出现问题的时候,消费者可以追溯到产品的生产者进行解决,从而保障自己的权益。产品一旦打上品牌标识,就意味着生产者给了消费者一份承诺、一种保证,必须对产品的所有方面承担责任。

有学者认为,消费者在消费过程中可能遭遇到 6 种风险:一是功能风险。即产品的性能没有达到生产者的承诺或者消费者的预期。二是生理风险。即产品对消费者或其他人的身体健康和安全造成了损害。三是财务风险。产品本身并没有物有所值。四是社交风险。产品导致消费者在众人面前难堪（比如由于质量不好,裤子突然炸线;一个演唱会上,话筒音响突然失灵;一次婚宴客人吃了不干净的食物导致生病,等等）。五是心理风险。即产品使用不良给消费者带来精神烦恼或精神伤害。六是时间风险。即产品未能满足消费者的需要,导致消费者不得不重新寻找或重新购买另一更满意的产品所花费的时间上的机会成本。

消费者要想降低这些购买风险,最简单的办法就是选择知名度高、信誉好的品牌。对于消费者来讲,品牌就是生产者提供给消费者的一种责任、一种承诺,这是以品牌宣示的价值、利益和特征为依据的,品牌为消费者提供优质的产品和服务的保障,满足消费者的需求和欲望。法国学者卡普菲勒教授认为,消费者的不安全感是品牌产品存在的基础,一旦不安全感消失,品牌也就不再发挥效力。由此可见,品牌作为一种契约,对消费者起到了强大的保护作用,降低了消费者的购买风险,提高了消费者在购买决策时的安全感。

3. 反映文化价值取向,满足情感需求

随着人们生活水平的提高,很多人购买产品不仅是为了获得功能利益,更主要为了获得一个表达自我的途径,即表达自我、满足情感需求。消费已经成为人们表达一种生活方式的重要形式了。而品牌具有象征功能,富有情感性利益和自我表现性利益,可以满足消费者表达自我的情感需求。

每个成功的品牌都代表着一种个性、一种文化、一种价值追求,具有丰富的内涵,很多消费者通过购买与自己的个性、气质和理念相吻合的品牌来展现自我。

（二）品牌对企业的作用

1. 区隔竞争对手,保障公司权益

品牌在法律上属于品牌主。经过商标注册的品牌是一种知识产权,具有法律上的排他性,任何公司未经许可都不得仿冒本品牌的标识设计、专利技术和外观设计。企业由此保证自己提供给消费者独特的产品特征、个性和文化内涵,跟竞争对手的产品形成有效的区隔。如可口可乐波浪纹的手写体标识、细腰身的瓶子外观设计就归可口可乐公司所独有,任何仿冒行为都属违法。

2. 提高产品竞争力,获得市场优势

品牌一旦具有了一定的知名度和美誉度后,企业就可以利用品牌优势占领市场进而扩大市场,形成强大的市场竞争力。具体来说,品牌可以给企业带来以下利益。

首先,品牌可以给企业造就忠诚的顾客。根据顾客忠诚理论,企业80%的收益来自20%的高贡献度顾客,而且企业吸引一个新顾客的成本是留住一个老顾客成本的5倍。品牌的认可度和偏好一旦形成,顾客就会对品牌产生忠诚。品牌有了忠诚度,企业不需要花费太大的市场营销费用就可以收到很好的效果,降低了经营成本。

其次,品牌代表了一种偏见。一种产品一旦成了知名品牌,即使是没有用过的消费者都会固执地认为该产品就是精品。比如很多人并没有开过奔驰车,但他们都坚定地认为奔驰是质量好、性能好的车,就是因为奔驰是知名品牌。品牌不光能够留住老顾客,还能吸引新顾客,企业由此节省了大量的市场推广费用。

最后,品牌增强了企业的渠道谈判力。品牌意味着消费者对企业及其产品的认知与认同,意味着消费者的接纳,可以说谁拥有了品牌谁就拥有了市场。在销售渠道,品牌产品因为能给零售企业带来稳定甚至高额的利润,受到零售商的追捧,所以强势品牌为企业增加了渠道谈判力,企业可以顺利进入任何一家它理想的销售场所。反之,如果不是品牌产品,企业要想进入诸如沃尔玛、家乐福、苏宁等强势零售渠道则非常困难,即使勉强进入,条件也相当苛刻。生活中,我们经常可以看到大型超市洗发用品货架上最好的位置摆放的都是美国宝洁公司的产品,很多不知名企业的产品要么根本进不了这种大卖场,要么被弃置在最不起眼的角落里,根本引不起消费者的注意,销售状况可想而知。

3. 增加产品附加值,赚取高额溢价

品牌可以满足消费者的心理需要和自我实现的需要,由于优秀品牌具有独特的个性和形象含义,消费者乐意为自己心仪的品牌多付出代价,因此,强势品牌比无品牌或弱势品牌附加价值高,企业可以溢价销售,这就是所谓"品牌溢价"。品牌溢价给企业带来了更大的利润收益。

4. 形成独特优势,阻击竞争对手

良好的品牌资产可以设置竞争壁垒,可以为企业面对竞争对手的威胁赢得反应的时间,提高企业竞争力。

现在市场竞争激烈,但凡某一种新产品在市场上取得成功,模仿的竞争者就会蜂拥而来。然而技术可以模仿,渠道可以模仿,甚至经营模式也可以模仿,品牌却难以模仿。一个品牌一旦成为某一领域的强势品牌,它独有的品牌个性、形象、广泛的知名度和美誉度、忠诚的顾客,会成为这个企业的灵魂,这些是任何竞争者偷不走、拿不掉而又难以逾越的一道鸿沟,会有效地阻击竞争者的进入。

5. 造就无形资产,助力企业业务扩展

品牌是一种重要的无形资产,它不仅自身有价,更可贵的是,它还能够创造更多的价值。在西方,一些投资者把强势品牌公司的股票作为最主要的投资对象。一些著名企业品牌资产的价值,比其有形资产的价值还要高,尤其是一些世界顶级品牌,其资产价值已经高达数百亿美元,富可敌国。

美国桂格燕麦片公司总经理约翰·斯图亚特曾经说过:"如果公司被拆分,我愿意给你厂房、设备等有形资产,而我只需要品牌和商标,但我相信我一定经营得比你好。"

可口可乐公司前董事长罗伯特·士普·伍德鲁夫也曾经骄傲地说:"即使有一天可口可乐公司在大火中全部烧成灰烬,凭着这块牌子,我敢担保,第二天全世界新闻媒体的头条消息就是各大银行争着向可口可乐公司贷款。"这就是说,可口可乐公司凭借着这块金字招牌,哪怕一夜之间它在全球的工厂全部化为灰烬,也能够迅速从银行获得贷款,东山再起,重振雄风。

由于品牌代表信誉,代表企业对消费者的一致性承诺,因此强势品牌可以让消费者产生一系列联想,使消费者对原有品牌的好感转嫁到新产品上,这就为企业扩大经营范围、促进业务增长提供了有利条件。

由此可见,品牌是比工厂、资本、技术更加重要的无形资产,它可以使企业的业务进一步扩展,给企业带来更加持久的竞争优势和经营业绩。

6. 吸引优秀人才,化解各类风险

品牌企业有着良好的社会声誉,其优秀的业绩、稳定的发展吸引着各方优秀的人才。一个拥有优秀品牌的企业意味着员工具有良好的发展空间、职业前景和社会地位。因此品牌企业往往比一般企业拥有更多优秀的人才,员工职业忠诚度更高,企业竞争实力更强,企业经营由此也进入一种更好的良性循环。

另外,当今市场竞争激烈,信息传播迅速,企业要想不出一点危机几乎不可能,然而消费者显然对于自己熟悉或喜爱的品牌会给予更多的宽容和谅解,即使出现问题,品牌企业也更容易从危机中解脱出来。

(三)品牌对国家的作用

品牌不仅是一个企业开拓市场、战胜竞争对手的有力武器,同时也是一个国家经济实力和形象的象征。日本前首相中曾根康弘曾经说过:“在国际交往中,索尼是我的左脸,松下是我的右脸。”美国的某品牌、波音、可口可乐、麦当劳等世界大牌,携带着美国文化的威力传播到世界各地,影响着世界各国人民的生活方式甚至价值观;德国的奔驰、西门子、博世等品牌代表着德国先进的工业制造能力,令世界各国肃然起敬;日本的丰田、索尼、松下等品牌使日本成为高质量产品的代名词;而韩国的三星、现代、LG又令全体韩国民众在全世界获得了强烈的民族自豪感;中国的华为、海尔、格力等品牌引领中国自主创新,突破全球化逆流。可见,民族品牌不仅代表着一个国家产业发展的水平,而且代表着国家的国际形象,承载着构建民族自尊心和自豪感的历史责任。具体来说,品牌对于国家具有以下两点重要作用。

第一,品牌的多寡,影响到一个国家的经济发展水平。据联合国工业计划署的不完全统计,当今世界共有品牌产品约 8.5 万种,其中 90 % 以上的品牌属于发达国家或亚太新兴国家。品牌的多寡,尤其是世界级品牌的多寡,成为一个国家或地区综合经济实力的重要标志。一般来说,一个国家的经济越发达、经济实力越强大,其拥有的品牌也就越多,品牌的地位也就越高。在当今世界经济全球化的时代,如果一个国家没有优秀的民族品牌,它可能永远只能充当发达国家的贴牌生产基地,耗费大量的人力、物力和资源,赚取一点可怜的加工费。从 Interbrand 公司、福布斯等各类机构对全球最有价值的品牌和最大企业业绩的排行榜来看,一个国家的经济实力和地位,与品牌的多和寡、强和弱有密切的关系。

第二,品牌的发展状况与国家的形象相辅相成。品牌与国家形象之间存在着相互作用的关系,一个国家在国际上拥有的品牌数量和品牌声誉反映了该国的国家形象和经济实力;反过来,一个国家的整体形象又影响着该国品牌在国际上的地位和声誉。一般来说,人们对一个国家品牌的评价跟这个国家的经济实力成正比。

第二节　品牌管理基础

一、品牌管理的含义

现代社会由于经济的发展,企业的竞争由原来的产品竞争、服务竞争越来越多地转为品牌竞争,正如美国著名的广告研究专家拉里·莱特说的:"未来营销之战将是品牌之战,是为获得品牌主导地位而进行的竞争。企业和投资人将把品牌视为企业最有价值的资产。……拥有市场比拥有工厂更重要。而拥有市场的唯一途径就是拥有占据市场主导地位的品牌。"品牌是企业最重要的无形资产这一观念已经成为学界和企业界的共识。正因为品牌的重要性日益突出,因此品牌管理已经成为当今企业管理领域非常重要的一个部分。

所谓品牌管理,就是企业为了创建、培育品牌并且不断维护并提升品牌价值、累积品牌资产而开展的管理活动。

过去人们在表述品牌管理时,采用的术语往往比较随意,如品牌建设、品牌经营、品牌运营、品牌塑造、品牌化等,其实这些概念都仅仅反映了品牌管理的一个方面,并没有涵盖品牌管理的全部内容,如品牌建设、品牌塑造、品牌化意思比较相近,都是指品牌的创建;品牌经营和品牌运营则是指品牌建成后对于品牌价值的进一步利用和增值。品牌管理是一个比较大的概念,它涵盖品牌从创建、维护、发展到更新的全过程,贯穿企业经营活动的始终。在品牌学者凯文·莱恩·凯勒、戴维·阿克等学者的大力倡导之下,品牌管理已经从企业营销管理的战术层面上升到了战略层面,成为企业既包括战略性规划又包括策略性活动的一项管理工作。

二、品牌管理的内容

品牌管理包括品牌的创建、品牌的运营及品牌的维护三个部分,从时间顺序上来讲这也是品牌管理的三个阶段。

第一阶段是品牌的创建阶段,企业必须规划、设计并且建立一个完善的品牌识别系统,这一识别系统包括涉及品牌的产品范围、产品属性、产品品质或价值、产品用途、产品原产地等内容的产品识别要素;包括涉及企业文化、企业领袖、企业创新能力、企业地位等内容的企业识别要素;还包括品牌的个性识别要素和符号识别要素,并且提炼出品牌的核心价值。企业只有首先建立起一个清晰、独特的品牌识别系统,才能够吸引消费者的注意,引发人们对品牌的美好联想和喜爱。

规划、制定出品牌识别之后,管理者还必须进行两项工作,即品牌的定位和品牌的设计。只有将品牌的核心价值、品牌内涵等无形要素转换成可视的、可以感知的、可以传播的符号,企业才能够去跟消费者沟通,消费者才能够知晓进而了解品牌。在品牌的各项基本元素设计出来之后,品牌的传播工作就可以开展了。因此在品牌的创建阶段,品牌管理工作包括品牌的识别、品牌的设计、品牌的定位和品牌的传播这些内容。

第二个阶段是品牌的运营阶段。品牌创建成功后,作为企业重要的无形资产,企业必须充分发挥品牌资产的作用,一个最常用的经营策略就是进行品牌延伸。所谓品牌延伸就是利用品牌在市场上已经确立起来的知名度和美誉度不断推出新产品,使品牌价值得到更充分的利用;同时给品牌注入更丰富、更具活力的元素,延续品牌的寿命,进一步提升品牌的价值。

随着企业的进一步成长和发展,企业内部品牌越来越多,这些品牌怎样通过科学合理的组合,形成一个有机协调的整体,发挥品牌集团的综合作用,在市场竞争中跟竞争对手展开较量,这就涉及品牌组合管理的问题。品牌组合管理就是从战略的角度解决如何整合企业内部资源、处理好品牌之间的关系,发挥 1+1>2 的效力,取得品牌价值的最大效益。

品牌创建成功后并不是一劳永逸的,正如所有的事物一样,随着社会的发展、市场的变化,品牌会老化、会衰落。为了使品牌充满活力、永葆青春、维持品牌的市场份额和销量,管理者还必须对品牌进行更新。通过科学的更新管理,使品牌持续辉煌。因此在品牌的运营阶段,品牌管理工作包括品牌的延伸、品牌的组合、品牌的更新这些内容。

第三个阶段是品牌的维护阶段。品牌管理工作包括对品牌资产的管理问题和品牌权益的保护问题。品牌资产管理包括进一步提升品牌资产价值、评估品牌资产等工作;品牌维护管理涉及两项工作:一是当品牌权益受到侵害时,如品牌被抢注、品牌被假冒等,企业必须采取一系列管理措施来维护自身品牌的权益;二是当品牌遭遇危机时,企业必须采取危机管理手段,使品牌能够化危为机、化险为夷,走出困境,基业长青。因此在品牌的维护阶段,品牌管理工作包括品牌资产管理、品牌防御管理和品牌危机管理这些内容。

本书正是以企业品牌管理的关键节点作为基点,构建品牌管理的主体知识框架。根据品牌管理过程的基本顺序,本书从三个部分来进行阐述:第一部分是品牌的创建,第二部分是品牌的运营,第三部分是品牌的维护。

三、品牌管理的模式

(一)业主负责制

业主负责制是指品牌的决策乃至组织实施全部由企业的高层领导承担,只有具体的执行工作才授权下属完成的一种高度集权的品牌管理制度。这种制度在20世纪20年代以前是西方企业品牌管理的主流模式。之所以会采用业主亲自全权管理的模式,是因为当时品牌经营还比较简单,高层管理者自己就能够应付,而且品牌与产品直接捆绑在一起,一个品牌就是指代一种产品,因此品牌管理与产品管理两者并无区别。例如,福特汽车公司的亨利·福特、麦当劳的克罗克、可口可乐公司的坎德勒等都把品牌的创建和发展作为毕生的使命,亲自参与品牌决策的制定和品牌活动的开展。

业主负责制模式的优点是:一是决策迅速,有利于整个组织资源的整合;二是每个品牌都带有鲜明的创始人个性,因此品牌的个性特征非常突出,各企业品牌之间的差异性比较强。该模式的不足之处是:一旦企业规模扩大,管理者个人没有精力再处理所有品牌的相关事宜,这就不利于品牌价值的进一步拓展利用和品牌的发展。

(二)职能管理制

职能管理制是将品牌管理的职责分解到各个职能部门中,分头进行管理的一种品牌管理模式。例如,市场部门主要承担品牌的调研工作,宣传部门主要承担品牌的传播工作等等。在20世纪20年代至20世纪50年代这种管理模式非常普遍。至今,我国大部分企业仍然采用这种分工管理的品牌管理模式。

职能管理制模式的优点是：一是高层管理者摆脱了某个品牌建设与维护过程中具体事务的纠缠，集中精力从事整个企业的长远战略规划；二是职能分工提高了品牌管理的专业化水平，使得品牌在日益复杂的市场竞争环境中得以成长。该模式的不足之处是：各职能部门职权相等，各自为政，缺乏沟通、协调，难以以一个共同的诉求和声音向外展示品牌的形象、定位和特色；容易出现推诿、扯皮的现象，使品牌管理最终陷入无人负责的"三不管"境地。

（三）品牌经理制

品牌经理制是美国宝洁公司在1931年首创的一种品牌管理模式，当时一经采用立刻获得巨大成功，成为品牌管理的经典模式，从而也开创了真正意义上的现代品牌管理。所谓品牌经理制是指公司为每一个品牌专门设置一个品牌经理，由他全面负责该品牌的策划、生产、创建、维护和发展各项事宜。

在品牌经理制管理模式下，每个品牌除设有一名品牌经理外，在他手下还配备了几个品牌助理，再加上分别来自财务、研发、制造、市场推广、销售等企业各个职能部门的人员，共同构成了一个品牌管理小组，全面管理该品牌的全部工作，品牌经理制实际上是一种矩阵型的组织结构。

品牌经理制模式的优点是：一是每一个品牌都有一个专职的管理者，负责品牌分析、规划和活动的全过程，从而为品牌的成长提供了组织上的保证。二是加强了公司内部各个品牌之间的竞争，优胜劣汰，使品牌更加具有活力。三是品牌经理负责指挥由公司各个职能部门人员组成的品牌管理小组，小组成员既各司其职，又由经理统一协调指挥，保证了品牌管理各项工作齐头并进、有条不紊、统一协调；四是为企业培养了具有综合管理能力的高级管理人才。每个品牌经理都是独当一面的管理者，他必须全面负责品牌从策划、生产、推广、发展的全部决策和执行，而且掌握了调度涉及该品牌的所有职能部门的管理人员和管理工作，事实上成为一个总经理式的综合管理人员，为企业源源不断地培养和输送高级管理人才。历史上，开创了"品牌经理制"模式的麦克埃罗依后来成为宝洁公司的总裁,"二战"以后还被任命为美国的国防部部长。

品牌经理制的不足之处在于：一是对品牌管理人员的素质要求很高。如前所述,每个品牌经理实际上就是一个独当一面的综合管理人员,而一个公司要具备足够多的综合性管理人才显然不切实际。一旦某个品牌的品牌经理能力不足,就会直接影响到该品牌的创建与发展。二是品牌管理成本比较高。每个品牌管理小组里面都涵盖了企业各个职能部门的管理人员,导致组织机构重叠、人员众多,品牌管理成本高昂。三是企业内部各个品牌之间是一种竞争关系,优胜劣汰,加强了品牌的活力,但同时也造成了企业内部各个品牌之间自相残杀,内斗严重。四是各个品牌由不同的品牌经理自主策划、管理,导致整个公司的品牌形象杂乱无章,不能对外树立统一的品牌形象、发出一致的品牌声音。这就导致整个公司品牌数量很多,却多而不强。几乎没有一个真正能够对外一剑制胜的超强品牌。近年来宝洁公司除打造各个产品品牌外,也着力宣传打造"宝洁"的公司品牌,原因就在这里。

(四)品类经理制

1994年,英国《经济学家》杂志发表了题为《品牌经理制的终结》一文,对品牌经理制的弊端进行了尖锐的批评。而早在1990年代初,宝洁公司也在反省是否有一种更好的品牌管理模式,这就是品类经理制管理模式的由来。品类经理制也称为"品牌事业部制",是指为多个品牌构成一个产品类别设置一名经理,由其负责该品类的管理和盈利。

品类经理制和品牌经理制本质上是一样的,都是设置专职的管理人员来负责管理品牌,而且品牌经理也都是通过手下由各职能部门人员共同组成的品牌管理小组进行管理,是一种矩阵型的组织结构形式。所不同的是,品牌经理制仅仅负责管理一个品牌,而品类经理制则同时负责一个品类里面若干个品牌的品牌管理。比如,美国纳贝斯克公司实行的品类经理制,该公司把所有的产品分为三个品类：成人饼干、营养饼干和儿童饼干。每个品类里面都有若干个品牌,每个品类经理就负责管理该品类下面的所有品牌,对该品类里所有品牌的成长都负有责任。

品类经理制的优点是:一是协调品类内各个品牌之间的相互关系。因为一个品类的目标顾客基本就是同一个群体,由一个经理来统一负责品类里所有品牌的管理,可以有效协调好各品牌之间的相互关系,避免自相残杀。二是一个品类用一个经理来负责管理,既可以减少机构重叠的数量、降低管理成本,又可以提高品牌管理的专业化水平,提高企业在该产品行业中的地位和影响力。该模式的不足之处仍然是品牌经理制的老问题,即企业整体品牌形象不统一,各个品类之间彼此的竞争大于整合协调。不过这种情况比品牌经理制的严重程度下降很多了。

(五)品牌管理委员会

21世纪初,一些跨国公司的品牌管理又出现一种新的模式,即"品牌管理委员会"。这种模式由企业高层管理者直接担任品牌负责人,各职能部门和各品类负责人担任委员,注重各品类及各职能部门的协调,称为"品牌管理委员会"。这种管理模式实际上是更加注重品牌管理在整个企业管理中的战略地位,弥补了品牌管理体制的不足。

采用品牌管理委员会这种管理模式的优点是:一是能够有效协调各个品类及各个品牌之间的关系,统一企业的整体形象;二是能够有效协调各个职能部门之间的关系,因为公司内部每一个职能部门的主管都是品牌管理委员会的成员;三是有助于树立品牌在整个企业发展战略中的地位,形成以品牌为中心的行动导向,因为品牌管理委员会处于公司最高管理层级,该委员会作出的决策对整个公司产生作用。

品牌管理委员会这种管理模式同样存在不足之处:一是高层管理者身居高位,远离市场,对各品牌、品类及竞争对手的品牌发展情况了解不足,有时难免做出一些脱离实际、过于主观的品牌管理决策;二是品牌管理不同于一般的企业管理,它的专业性比较强,有时高层管理者并不具备丰富的品牌管理专业知识与经验,决策时容易出现一些专业性的错误。

第六章　品牌管理实践

第一节　品牌识别管理

一、品牌识别规划的原则

在规划品牌识别系统的时候，要遵循以下原则。

（一）战略性原则

品牌识别系统的建立是品牌管理者为品牌在消费者心目中留下预期形象的规划，属于企业品牌管理的一种战略性行为，因此事先必须做好战略分析。这种战略性分析包括三个部分：一是顾客分析，包括对顾客购买倾向、市场动态、顾客购买动机、市场细分、未满足的需求进行分析。二是竞争者分析，包括对竞争者的品牌形象与定位、竞争者的优势与劣势分析。三是品牌自身分析，包括对现有品牌形象、品牌传统、品牌自身的优势与劣势、品牌灵魂、与其他品牌的关系进行分析。战略性品牌分析是进行品牌识别规划的前提。

（二）全面性原则

品牌识别系统的建立要得到企业内部员工和外部公众的一致认同与理解。对于品牌的核心价值、品牌的内涵、品牌标识的含义等品牌识别要素，企业内部从上到下全体员工不仅都要理解，更要以行动来体现，通过员工的行动把品牌的精神、品牌的价值主张传递给顾客，否则言行不一，建立起来的品牌识别系统也不能让公众产生企业预期的品牌形象。

（三）层次性原则

有时构成品牌识别系统的要素很多，但并不是所有的识别要素分量都相等，各个识别要素之间是分层次的。有的要素直接反映了品牌内涵的本质,是品牌识别的核心要素,被称为品牌精髓,品牌精髓是品牌识别中最中心、最持久的要素。如果把品牌比作一个地球仪,品牌精髓就是地球仪的轴心,不管地球仪如何转动,轴心是始终不动的。而有些品牌识别要素则相对灵活些,在整个识别系统中处在外围、延伸的位置,起着辅助和补充的作用,这些要素(如品牌代言人、标识物等)可以根据品牌形象传播的需要适时适度做些相应的调整。

(四)稳定性原则

品牌识别系统一旦建立起来,在相当长一段时间内必须保持稳定。塑造品牌形象不是一早一夕的事,需要通过持久的努力、沟通,以一种滴水穿石般的耐心细细累积,才能最终使品牌形象深入顾客的心中。如果像"信天游"一样,今天倡导这个价值,明天主张那个精神,品牌标识动辄换来换去,不光造成企业品牌建设资金的巨大浪费,品牌形象也模糊不清,顾客根本无法记住这个品牌。

(五)差异性原则

企业建立的品牌识别系统必须具有独一无二的鲜明特征,要能跟竞争者的品牌识别系统形成鲜明的区隔。如果跟竞争者的品牌价值、品牌内涵、品牌符号雷同,甚至故意效仿,没有差异性,就不能使本企业的品牌在众多的品牌中脱颖而出,一下吸引住顾客的目光,企业建立品牌识别系统的努力也就付之东流了。

二、品牌识别要素的调整

品牌识别要素的调整是指根据时间和市场的变化,适时地对品牌识别进行恰当的调整。一般来说,品牌的识别尤其是品牌的精髓和核心识别不要轻易变动,但在某些特殊的情况下,对品牌的识别进行适当的调整以保持品牌的生命力也很有必要。

(一)品牌识别要素调整的原因

导致品牌识别要素调整有两个原因:一是随着时间的推移、技术的进步、社会形态和生活方式的转变,人们消费观念和审美心理也会发生变化。如果一个品牌的识别不能适时引入新的内容,赋予品牌时代的特征,就会显得老气、缺乏活力。这样的品牌很快就会被消费者淡忘,甚至被无情地抛弃。反之,适当地调整某些识别要素就可以保持品牌的生命力。例如,在青少年中"酷"文化盛行的今天,可口可乐不失时机地向其品牌识别中注入"酷"的元素,以张扬品牌的个性,强化品牌自由自在的核心价值,就很好地保持了品牌的生命力。

另一个原因是企业在发展过程中对品牌进行了延伸,原有的品牌识别不能适应新产品;或者品牌开展国际化营销之后,原有的品牌识别不能适应跨民族、跨文化的需要,这就需要对原有的品牌识别要素进行适当的调整。例如 20 世纪 80 年代南京长江电扇厂的知名品牌"蝙蝠"电扇,蝙蝠的"蝠"字在中国是"福"的谐音,寓意吉祥,但在欧美国家,蝙蝠是邪恶的象征,长江电扇厂只好将出口海外的电扇品牌名称改为"美佳乐";海尔集团的品牌标识海尔兄弟是两个裸露上身的小男孩,产品出口中东国家时,不符合伊斯兰教不允许裸露躯体的教规,于是将品牌标识改为英文字母标识"Haier";法国的人头马在欧洲品牌识别定位是"高雅、尊贵、有品位",到了中国香港,广告语就改为"人头马一开,好事自然来",以适应当地人喜欢发财、有好运的文化特征。

(二)品牌识别要素调整的原则

1. 微调原则

品牌识别的调整要根据时机进行调整,而且应尽量以微调为主,切忌做外科手术似的大动作,使品牌识别面目全非。当然,如果原有品牌旗下的主营业务发生了很大的变化或原有的品牌识别证明是失败的,就必须进行大的调整,甚至要全部推倒重来。例如,某烟草品牌原来的品牌识别是按照女士烟规划的,后来该品牌定位为男士香烟,品牌识别就彻底改头换面,树立了"阳刚、豪迈、勇敢、激情、进取的男子汉气概"的全新的品牌形象,并且大获成功。

2. 渐变原则

如果品牌识别确有必要做较大幅度的调整时,应尽可能分阶段进行,减少每一阶段调整的幅度,避免让消费者感到过于突兀,一时无法接受。

3. 不抵触原则

不抵触原则是品牌识别调整最基本的原则。由于多种原因,对品牌识别进行适当的调整不可避免,但即便如此,构建新的品牌识别也不能与原有的品牌识别相冲突。"沃尔沃"近几年来不断为品牌识别注入一些新的元素,如时尚、美观、现代,但却始终强调"安全",从它最新的广告语"焕发激情魅力,安全始终如一"就可见一斑,所以沃尔沃在欧美市场上一直都很畅销。

4. 量力而行原则

量力而行原则是指引入新的品牌识别要有相应的支持条件,例如要有相应的资金、技术、人力资源等做支持。

总之,品牌识别的调整,要考虑企业自身的条件,做到与时(间)俱进、与市(场)俱进。

第二节　品牌延伸管理

一、品牌延伸的主要方式

品牌延伸可以分为两种:一种是纵向延伸,又称垂直延伸,具体包括向下延伸、向上延伸、双向延伸;另一种是横向延伸,又称水平延伸。

(一)纵向延伸

1. 向下延伸

向下延伸是指原来生产经营高档产品的企业后来决定增加低档产品,即低档产品策略,就是在原来产品组合的高档线中增加廉价的产品项目。向下延伸又可以分为两种情况：一种是品牌部分向下延伸，比如茅台是高档白酒品牌，后来延伸推出茅台迎宾酒、茅台小王子等中低档白酒。五粮液也延伸推出中档的五粮春、低档的五粮醇。另一种是品牌全部向下延伸，也叫整体向下延伸，如红旗轿车改为经济型轿车。

企业采取向下延伸策略的主要考虑是：一是利用高档品牌产品的声誉，吸引购买力水平比较低的消费者慕名购买该品牌产品线中的廉价产品。二是高档产品销售增长缓慢，企业的生产设备不能得到充分利用，为了赢得更多的顾客，把产品线向下延伸。三是企业最初进入高档产品市场的目的就是用高档产品建立品牌，提高知名度和美誉度，打入市场，一旦市场巩固，转而进入中、低档市场，以扩大市场占有率和销售增长率。如诺基亚、摩托罗拉在中国市场刚开始都是以高档手机品牌著称，站稳脚跟之后都延伸推出低档手机，横扫中国市场抢夺低端用户。四是填补企业产品线空白。

企业采取品牌向下延伸的策略，会遇到的风险主要是：一是品牌形象受到损害。品牌原来代表高档产品，延伸使用到低档产品上，很可能会使企业原有的品牌形象遭到损害，中国的茅台、法国的佐丹奴，都是因为品牌盲目延伸到低档产品上导致品牌形象受损。所以现在营销界普遍认为企业如果要推出低档产品，最好采用新的品牌，而不要使用原先品牌。当然如果这样做显然已经不再属于品牌延伸的范畴了。二是企业进军低档市场，很有可能会激怒原先在低档市场的同行企业，导致其采用向高档市场进军的方式来报复，从而使企业自身原有的高档市场受到冲击。此外，由于经营低档产品的利润比较小，企业的经销商很有可能不愿意经营，这会导致新推出的低档产品市场效果不太理想。

2. 向上延伸

向上延伸是指品牌原来用于低档产品，后来延伸使用到高档产品。如20世纪90年代南京地产护肤品品牌"金芭蕾"推出高档产品。企业采用品牌向上延伸的考虑是：一是高档产品畅销，销售增长快，利润高；二是企业估计高档产品市场上的竞争者较弱,容易被击败;三是提升品牌形象;四是企业想使品牌成为旗下产品种类齐全的强势品牌。

企业采取品牌向上延伸的策略同样具有风险:一是可能引起原先定位在高档产品市场的竞争品牌企业的反击,他们反向进入低档市场进行报复。二是消费者对该企业生产高档产品的能力不信任。比如南京的"金芭蕾"得不到市场的认可,高昂的价格使消费者宁可购买外国品牌也不购买"金芭蕾",最后只能黯然退出市场。三是企业原来的经销商缺乏经营高档品牌的能力和经验。

3. 双向延伸

即原来定位于中档产品市场的品牌在巩固了市场优势后,向产品线的上、下两个方向同时延伸,品牌既覆盖使用到高档产品,又覆盖使用到低档产品。双向延伸的优势和风险与向上延伸和向下延伸相似。

(二)横向延伸

横向延伸又称水平延伸,是指品牌旗下的产品在档次上并没有发生变化,只是品牌延伸使用到不同的产品上。横向延伸具体又可以分为产品线延伸和产品类别延伸。

产品线延伸是指母品牌来推出原产品大类中针对新细分市场开发的新产品,如不同口味、不同成分、不同型号、不同尺寸的新产品,康师傅从红烧牛肉面延伸到海鲜面、香菇炖鸡面、酸菜鱼面等产品,就属于产品线延伸。产品线延伸是品牌延伸的主要形式。

产品类别延伸又称大类延伸、品类延伸,是指母品牌被用来从原产品大类进入另一个不同的产品大类。法国品牌学者卡普菲勒教授把产品类别延伸又进一步细分为连续性延伸和非连续性延伸。像日本的本田利用"本田"之名推出了汽车、摩托车、铲雪车、除草机、轮机和雪车等,就属于连续性延伸;三菱从重工业延伸到汽车、银行、家电乃至食品,则属于非连续性延伸。

二、品牌延伸的规律

品牌管理者在进行品牌延伸之前掌握并牢记品牌延伸的规律非常重要,它有助于管理者减少品牌延伸的失误,避免品牌延伸失败给母品牌带来损害的风险,提高品牌延伸的成功率。

(一)品牌定位的宽窄同品牌延伸力呈正比

如果品牌定位比较宽,即主要表达情感、展示价值观,则品牌的核心价值包容性就比较强,品牌延伸力就比较强,能够延伸覆盖多个种类的产品。如海尔品牌定位"真诚到永远","真诚"的包容性很强,所以海尔从冰箱延伸到空调、彩电、热水器等几十种家电都获得了成功。雀巢定位的核心价值是"温馨、有亲和力",所以雀巢能包容咖啡、奶粉、冰淇淋、饮料、矿泉水等多种产品,并广为消费者所接受。

反之,如果品牌定位比较窄,主要表达功能性利益,优点是定位相当清晰,但品牌延伸力就比较弱。如海飞丝"去屑"、舒肤佳"除菌"、立白"不伤手",延伸的难度就比较大,即使延伸,新产品距离原产品也不能太远。

正如卡普菲勒教授的品牌延伸能力模型所得出的结论:品牌内涵越抽象,品牌延伸力就越大;品牌内涵越具体,品牌延伸力就越弱。

(二)品牌美誉度高低同品牌延伸力呈正比

美誉度较高的品牌往往拥有良好的信誉和消费者的信赖,消费者往往基于对原品牌的信赖,能在短时期内接受品牌延伸的新产品。相反,美誉度一般的品牌,其延伸产品往往会令消费者怀疑企业的能力和动机,较难获得成功。

(三)品牌纵向延伸往往不会获得较好的成果

高品质品牌推出低档产品,往往会损害品牌原有的高贵形象,挫伤原消费群体的积极性,稀释原品牌的价值,给企业造成难以挽回的损失。同样,低档形象的品牌也很难向上延伸,因为品牌的低档形象在消费者心中已经根深蒂固,很难扭转。所以很多企业推出高端新产品时,往往不再使用原来的品牌,而是采用一个新品牌,如丰田推出的高档车就采用了"凌志"(雷克萨斯)这一新品牌,但这已经不属于品牌延伸的范畴了。

(四)品牌如果成为某类产品的代名词,则很难延伸到其他类别产品

如果某一个品牌已经成为某一类产品的代名词,那么延伸推出其他类别的产品就很难被消费者接受,品牌延伸很难成功。比如,施乐是一个复印机品牌,在消费者心中早就成了复印机的代名词,然而在1970年,施乐公司把自己和IBM看齐,将品牌延伸到信息技术行业,结果10亿美元的投资打了水漂。无独有偶,IBM几乎是电脑的代名词,但后来IBM发现施乐做复印机获利丰厚,就忘掉了对方的教训,把业务也延伸到复印机行业,结果同样败走麦城,挥泪退出复印机市场。

三、品牌延伸成功的策略

一是提炼品牌核心识别,使现有品牌能够在不同档次的市场上共同发挥作用。例如,英国维珍品牌的核心价值是反传统,这种核心识别使维珍在众多类型的产品市场和高、中、低不同档次的市场上都能发挥作用,从而使维珍品牌成功地延伸到很多行业,涉及众多产品。

二是采用主副品牌。一方面可以利用主品牌的优势和联想进入新的市场,另一方面利用副品牌的作用有效地使新产品与原品牌形成一定的区隔,以免一旦延伸失误伤及主品牌的形象。

三是创建或购买独立的新品牌,从而进入高端或低端市场。如丰田进入高端汽车市场就重新创建一个新品牌"雷克萨斯";吉利进入高端汽车市场是收购瑞典的知名品牌"沃尔沃",但这种做法其实已经不是严格意义上的品牌延伸,而是属于企业的业务延伸范畴了。

四是通过与有声望的品牌进行合作,建立联合品牌,增加新产品的可信度。比如,索尼是世界知名的电子产品品牌,当它把业务延伸到手机行业时,采用与瑞典的爱立信联合的方法,双方合作推出索爱品牌。爱立信在通信技术上具有优势,索尼在产品的时尚、创新、领导潮流方面举世闻名,两厢结合,符合当时市场上顾客对于手机不光是通信工具,还是时尚、好玩的娱乐用品的期望。所以这一策略对于两个公司来说,品牌延伸都很成功,达到了双赢的局面。

第三节　品牌组合管理

一、单一品牌战略

（一）单一品牌战略的定义

单一品牌战略又称统一品牌战略,指企业所有产品都使用同一个品牌。例如雀巢公司生产的 3 000 多种产品包括奶粉、咖啡、牛奶、冰淇淋、柠檬茶、药品、化妆品、调味品等都使用雀巢这一个品牌。日本佳能公司生产的照相机、传真机、复印机等产品也都统一使用“Canon”这一个品牌。此外,三星、达能、西门子、飞利浦、海尔、康师傅、娃哈哈等实施的也都是单一品牌战略,它们旗下产品众多、形态各异,但都共同使用一个主品牌。

有的企业产品门类跨度很大也共享一个品牌,如 GE（美国通用）旗下的汽车、电力机车、冰箱、核磁共振设备、金融服务都共用 GE 这一个品牌。韩国现代集团的汽车、家电、化工、轮船等也都用“现代”一个公司品牌。英国维珍是跨行业经营使用单一品牌的典范,维珍集团的经营领域广阔,涉足传媒、唱片、饮料、化妆品、铁路、航空、金融、电信、博彩、火箭、婚纱等几十个行业,它们都共享维珍一个品牌。海尔是本土实施单一品牌战略最为成功的企业。海尔从 1984 年生产第一台冰箱到现在拥有冰箱、空调、洗衣机、电视机、电脑、手机等多个产品类别,形成一个蔚为壮观的产品大家族,把海尔“真诚到永远”的品牌理念拓展到旗下每个产品中。

（二）单一品牌战略的优点

第一，企业把所有的品牌建设费用集中在一个品牌上，可以大大节省费用支出，集中所有资源打造一个强势品牌。

第二，企业在推出新产品时，可以借助母品牌的影响力，以最低成本迅速占领市场，这就是"大树底下好乘凉"。

第三，众多产品共用一个品牌，品牌符号在消费者视线里反复出现，可以有效提高品牌的市场能见度，有利于品牌价值的不断累积和提升。

第四，企业始终保持一个品牌形象对外，有利于消费者清晰地认知和记忆品牌，提高消费者的认知度及品牌的知名度。

（三）单一品牌战略的缺点

第一，使用单一品牌战略最大的问题就是品牌旗下涵盖的产品太多，跨度太大，稀释了品牌个性，模糊了消费者心中的品牌形象，不利于品牌产品建立起在行业中的专业形象。例如，海尔作为一个统一性品牌，它旗下的空调产品在空调行业中影响力比不上格力，洗衣机在行业中影响力比不上小天鹅，电视机比不上创维，油烟机比不上方太，微波炉比不上格兰仕，所有的产品都给人以业余对专业的印象，不利于企业在行业中建立起它的领袖地位。

第二，采用单一品牌战略会面临一个很大的风险，即一旦品牌旗下某一个产品出现问题，极有可能祸及其余、一损俱损，波及并损害母品牌及其他产品的声誉。例如，1973年由于雀巢公司一再宣传其奶粉的母乳替代作用，激起了长达十年的全球抵制雀巢运动。该运动最初由慈善和宗教团体发起，最后形成一场席卷全球的世界性运动，其中美国市场抵制最为激烈，这场运动高举"维护母乳喂养"的大旗，反对雀巢等公司肆意在发展中国家推销婴儿奶粉，结果雀巢旗下所有产品都遭消费者抵制，包括咖啡、饮料、食品，造成雀巢公司损失惨重。

第三，一个品牌难以充分展示公司旗下不同产品各自的优势和特点，所以很多采用单一品牌策略的企业有时为了突出不同产品的个性，不得不辅之以副品牌战略,即给不同产品起一个生动传神的名字做副品牌,以此形成不同产品型号间的区隔,彰显出不同产品的差异化个性。如海尔系列冰箱根据容量大小分为"海尔——小王子""海尔——双王子""海尔——大王子";根据冰箱产品特色不同分为"海尔——帅王子""海尔——金王子""海尔——冰王子"。

(四)单一品牌战略适用的范围

第一,品牌核心价值比较抽象,可以包容品牌旗下所有产品。例如,维珍的品牌内涵是"叛逆、创新、自由",维珍品牌虽然共享于多个行业领域,但它的消费者其实都是一种类型的人群,都是个性另类、不愿意循规蹈矩、叛逆的年轻人,维珍在消费者心中并不仅是航空、饮料或服饰等产品标志,而是一种另类、叛逆的生活方式象征。正是这种品牌内涵在维珍各类产品上的统一体现,才成就了维珍这个品牌世界颠覆者的成功。

第二,企业实力不够雄厚,难以支撑多个品牌。打造一个品牌非常昂贵,从品牌的设计规划到宣传推广,都需要持之以恒的投入。企业如果实力不够雄厚,那么集中企业所有的资源全力打造一个品牌,然后让公司旗下所有的产品都能受益显然是最经济、最现实的策略选择。

第三,品牌旗下不同产品有较高的关联度,消费者对品牌产品的个性化要求并不高。许多采用单一化品牌战略的大多数是工业品和耐用消费品企业,在这些领域,消费者在购买时主要看重专业技术和品质,对个性化、差异化要求并不高,因此单一化品牌战略反而有利于提高知名度,打造实力雄厚的企业品牌形象。如润滑油领域的世界各大跨国公司基本都采用单一品牌,如美孚、壳牌;耐用消费品行业中的汽车业宝马、奔驰、劳斯莱斯;电子业的三星、索尼、松下;计算机行业的 IBM、戴尔、某品牌等。

第四,企业产品的市场容量不大。尽管企业经营的产品种类虽多,但每个产品的市场容量都不大,多品牌策略显然就会白白增加品牌建设与管理成本,浪费企业资源,采用单一品牌策略既经济又高效。

第五,竞争品牌也采用单一品牌战略。根据企业竞争的常规经验,企业往往可以采用跟竞争者相类似的竞争战略,如影随形、贴身肉搏的竞争战略效果反而更好。比如耐克和阿迪达斯,某品牌和三星,奔驰和宝马,波音和空客,康师傅和统一,都采用单一品牌战略;反之,宝洁采用多品牌战略,联合利华也毫不犹豫采用了类似的多品牌战略。

二、多品牌战略

(一)多品牌战略的定义

多品牌战略是指一个企业同时拥有两个或两个以上相互独立的品牌。采用多品牌战略的企业将许多不同的品牌投入市场中,满足消费者的差异化需求,从而最大限度占领市场。

多品牌战略有一品一牌、一品多牌两种形式。一品一牌是指企业的每一类产品使用一个品牌,一品多牌是指每一类产品使用多个品牌。

宝洁公司是实施多品牌战略成功的典范。宝洁的营销原则是:如果某一个细分市场还有发展空间,最好由自己的品牌去占领。因此,宝洁公司的品牌频频出击,形成一个庞大的多品牌家族。宝洁公司旗下有几百个小品牌,80多个独立大品牌,其产品覆盖洗发护发、美容护肤、个人清洁、妇女保健、婴儿护理、家居护理等诸多领域。宝洁的洗发水就有飘柔、潘婷、海飞丝、沙宣、伊卡璐五大品牌,洗衣粉有碧浪、汰渍;香皂有舒肤佳;牙膏有佳洁士;女性卫生巾有护舒宝;婴儿卫生尿布有"帮宝适"和"好奇"。

联合利华也是实施多品牌战略成功的企业,联合利华的洗护用品和冰淇淋采用一品多牌,洗衣粉和茶叶采用一品一牌。比如洗发水品牌有夏士莲、力士、多芬;牙膏品牌有洁诺、皓清、中华;冰淇淋品牌有和路雪、曼登林、百乐宝、可爱多、可丽波、梦龙、千层雪;洗衣粉品牌有奥妙;茶叶品牌有立顿。

国内企业实施多品牌战略的并不多见,市场上消费者比较熟悉的只有一个日化企业丝宝集团拥有舒蕾、风影等多个品牌。主要原因是创建和维护一个品牌的成本非常高昂，国内消费品企业大部分都是中小型民营企业，实力有限。

（二）多品牌战略的优点

第一，凸显品牌个性，满足消费者差异化需求，增强品牌竞争力。当今社会，消费者需求更加多元化，如果企业发展多个品牌，每个品牌的个性或利益点都切中某一部分细分市场，那么这些品牌比那些"万金油"式的品牌会更具竞争力。如宝洁公司五大洗发水品牌各司其职，飘柔使头发更加柔顺，海飞丝"去头屑"，潘婷营养头发，使头发不干枯、分叉，沙宣美发造型专家，伊卡璐"来自大自然的天然清新"，满足了不同的消费者需求。

第二，降低企业经营风险，当某个品牌遭遇危机时不会株连到其他品类，"不把鸡蛋放在一个篮子里"。例如，2006 年 9 月宝洁公司旗下的化妆品品牌 SK– Ⅱ 被中国国家质检总局检测出含有铬和钕等国家明令禁止的物质，宣布召回产品，但丝毫没有影响到宝洁其他品牌产品在中国市场的畅销。

第三，有利于鼓励企业内部竞争，提高工作效率。企业内各类产品不同品牌之间的竞争，可以激发员工士气，提高工作效率。通用汽车公司和宝洁就是通过各品牌之间的相互竞争，促进共同发展。

（三）多品牌战略的缺点

第一，多品牌战略是强者的游戏，打造一个品牌的代价非常昂贵，如果没有充足的财力做后盾，企业很难支撑，宝洁公司一年的广告费就高达几十亿美元。同样是日用化工产品企业，欧莱雅、宝洁和联合利华都采用了多品牌策略，而大部分企业则选择了单一品牌策略，包括日本知名的企业"资生堂"和"花王"，原因就是多品牌战略的品牌管理成本实在太高，一般企业难以承受。

第二，不利于企业资源共享。采用多品牌战略后，企业内部各品牌之间成为一种竞争关系，各个品牌互相争夺资源，不仅不能实现资源共享，还增加了企业运营成本，处理不好在市场上还会使自家的品牌自相残杀。

第三,品牌结构过于复杂,增加了品牌管理难度。品牌一旦过多,产品间的差异就模糊不清,不要说消费者了,有时即使是经销商也搞不清楚各个品牌产品之间的区别。因此一旦企业内品牌过于复杂,造成品牌个性模糊,企业就会进行品牌瘦身运动,大力削减品牌数量,精兵简政。例如,通用汽车公司堪称汽车品牌大家族,最多时拥有30多个汽车品牌,由于投资过于分散,品牌个性不鲜明,结果市场收效并不理想。后来通用汽车公司采取了大规模的品牌瘦身运动,砍掉了很多影响不大的品牌,集中力量打造凯迪拉克、别克、欧宝、雪佛兰这"四大金刚";联合利华也曾实施过名为"成长之路"的品牌瘦身计划,5年内将旗下1 600多个品牌削减到了400多个,以突出联合利华核心品牌的优势。

(四)实施多品牌战略的条件

一是多品牌战略是地地道道的"富人俱乐部的游戏",企业没有雄厚的财力切莫轻易尝试。打造一个有影响力的品牌动辄需要数千万、上亿元的投入,而且据统计,最终能够成功的新品牌仅为30%,大多数品牌中途就夭折了。所以实力有限的企业与其四面出击,分散资源,还不如集中兵力打歼灭战,全力打造一个有竞争力的品牌。在实践中,很少有中小企业、成长型企业运用多品牌战略获得成功的案例。

二是企业内同类产品的不同品牌应针对不同的细分市场,避免不同品牌之间自相残杀。一个企业同类产品推出多个品牌,其最终目的是要占领不同的细分市场,满足消费者的差异化需求,最大限度地占有市场份额。如果同类产品推出的多个品牌之间毫无差异,目标市场相互重叠,其实就等于自相残杀,没有意义。因此,企业实施多品牌战略不是简单地在一种产品上贴上不同的牌子,而是应该打好差异化营销这张牌,在产品的功效、包装、宣传等方面突出各个品牌独特鲜明的个性,寻求每个品牌各自的市场空间,避免市场重叠。如前所述,宝洁公司旗下的洗发水共五个品牌,各有各的利益点,针对不同的消费需求,品牌个性非常清晰明确。

三是每个品牌所针对的细分市场应该具备相应的市场规模。企业实施多品牌战略,如果一个品牌所针对的目标市场容量太小,销售额不足以支撑一个品牌的生存和发展,那么推出这个品牌就很难成功。中国台湾的企业很少采用多品牌战略就是这个原因,中国台湾地区人口总数不过 2 300 多万人,细分市场的人口数量就更少,如此小的市场规模很难承受多品牌的生存,因此中国台湾地区的企业几乎都是采用单一品牌战略,如中国台湾统一公司旗下的方便面、饮料、果汁、茶、奶粉等都使用"统一"这一个品牌。反之,中国大陆市场人口众多、市场规模大、地区差异大、消费者需求差异显著,具备实施多品牌战略的市场条件。

四是企业必须具备成熟的品牌运作管理体系和能力。通常情况下,一个企业打造一个品牌已经让管理者如履薄冰,疲惫不堪了,面对多个品牌,如果没有成熟的品牌运作管理体系和管理能力,从容应对处理错综复杂的品牌问题,很容易陷入管理混乱的困境。因此,企业实施多品牌战略,其必要条件就是要先建立起一个成熟的品牌运作管理体系,具备丰富的品牌管理经验。

三、主副品牌战略(母子品牌战略)

(一)主副品牌战略的定义

所谓主副品牌战略,就是以一个成功的品牌作为主品牌,涵盖系列产品,同时又给不同产品起一个生动活泼、富有魅力的名字作为副品牌,突出产品的个性。

一个企业在创业初期往往产品较为单一,企业名、品牌名、产品名三位一体,不存在企业总品牌与各个产品品牌之间的关系协调问题,然而随着企业的发展壮大,产品种类逐渐增多,企业就无法回避一个品牌战略问题:是采用单一品牌战略,让所有的新产品沿用原有的品牌?还是采用多品牌战略,重新建立一个新品牌?或者采用其他别的什么方法?

如前所述,单一品牌战略和多品牌战略都各有利弊。单一品牌战略最大的好处是新产品能够"搭便车",借助原有品牌的影响力,降低营销成本。但单一品牌战略的问题是:原品牌对新产品的带动力(即延伸力)是有限的,如果一个品牌旗下产品过多,会导致品牌个性模糊,消费者认知出现混乱。

多品牌战略虽然克服了单一品牌战略品牌个性稀释的缺陷,但新产品无法分享原有成功品牌的影响力,而建立一个新品牌不仅投入大、周期长而且风险也大,只有像宝洁这样实力雄厚而且品牌管理经验丰富的企业才敢选择这样的战略。

因此,企业摆脱这种两难境地的有效方法就是采取中庸之道——主副品牌战略。如"松下——画王""飞利浦——视霸""东芝——火箭炮""海尔——小神童""喜之郎——水晶之恋""长虹——红太阳""美的——超静星"等,就是"主品牌 + 副品牌"形成主副品牌战略。

(二)主副品牌战略的作用

1.张扬产品的个性和特色

一个主品牌不可能把旗下每个产品的个性都充分展示出来,而副品牌正好可以弥补它的不足。副品牌可以栩栩如生地展示产品的个性、功能和利益点,让消费者一目了然。主品牌和副品牌同时使用,既可以保持各种产品在消费者心中的整体形象,又可以传达不同产品特色、功能等各方面的个性信息,两者相得益彰,使品牌形象更加丰厚,富有立体感。

例如"海尔——神童"生动地展示了这种洗衣机的特点和优势,即电脑控制、全自动、智慧型;"海尔——先行者"显示了该款彩电采用尖端技术,质量功效有突破性进步的产品特点;"松下——画王"传神地表达了该彩电显像管采用革命性新技术,画面色彩鲜艳、逼真自然等产品优点。

2.引发联想,促进销售

副品牌一般会选用生动形象的名字,赋予产品浓郁的感性色彩,所以往往能贴近消费者的审美观念,给产品注入新鲜感和兴奋点,从而引发消费者美好的联想,吸引情感性消费。如"喜之郎——水晶之恋"是喜之郎专门针对年轻女孩推出的果冻产品,不少女孩购买这种果冻正是被其"水晶之恋"品牌名称蕴含的

"纯情、浪漫"的意境所打动。"乐百氏——健康快车"朗朗上口,引人联想到它的富有营养价值的产品特点。

3. 辅品牌对主品牌有反哺作用

副品牌运用得当,对主品牌的价值也有提升作用,可以强化主品牌的核心价值,赋予主品牌现代感、时尚感,使主品牌更加立体丰满、充满活力。同时,众多的副品牌还可以使消费者产生企业实力强、创新快、活力足的印象,从而提升主品牌在消费者心中的美誉度和信赖感。例如,长虹既有面向低端市场的品牌"红太阳",又有面向高端市场的"精显"品牌,使消费者认识到,长虹不但擅长打价格战、占领低端的农村市场,也是一个有能力开发新技术、生产尖端产品的企业。

4. 巧妙绕过商标法的限制

《中华人民共和国商标法》第八条规定:"商标不得使用下列文字、图形:直接表示商品的质量、主要原料、功能、用途、重量、数量及其他特点的。"采用副品牌就可以有效地回避这一规则限制。比如,海信不能注册"智能王"商标,但是通过命名副品牌"智能王",照样可以打出"海信——智能王"的广告进行产品宣传。

(三)实施主副品牌战略应注意的问题

1. 以主品牌为重心,切忌喧宾夺主

在主副品牌中,主品牌是根基,副品牌是主品牌的延伸,主品牌起主导作用,副品牌起辅助作用。所以企业在广告宣传时应该以主品牌为重心,副品牌处于从属地位,副品牌不能喧宾夺主,超越主品牌。否则,突出副品牌等于重新建立一个新品牌,要使消费者认知一个新品牌,一切又要从头开始。

2. 副品牌的名字要能凸显个性、通俗活泼

主品牌的名字一般来说是为了获得比较宽泛的覆盖面,往往起得比较抽象甚至没有具体含义,以便产品的延伸,如海尔、索尼,但副品牌的名字则应该正好能够弥补主品牌名字的这一不足,生动形象、凸显个性,直接展示产品的优点和个性特征。如海尔电热水器副品牌起名为"防电墙",直观地表达了产品的利益点,使

消费者一目了然,所以该热水器一上市,立刻受到消费者的追捧,销量雄踞同类产品榜首。

3.副品牌要契合目标市场

任何一个品牌要参与市场竞争,都应该明确自己的目标市场,副品牌也是如此。例如,"海尔——小神童"洗衣机的目标顾客主要针对单身或老年人,而"海尔——神童王"属于功能多、容量大的高档洗衣机,目标顾客针对现代城市家庭;"长虹——红双喜""长虹——红太阳"主要以中小城市或农村为目标市场,而"长虹——精显"则瞄准大城市中高端消费市场。

4.副品牌一般不额外增加广告投入

使用副品牌后,企业在广告宣传中的主角仍然是主品牌,副品牌一般都是依附主品牌出现在广告宣传中,扮演配角,并不单独对外宣传。这样,副品牌一方面能够借助主品牌的巨大影响力张扬自己的个性形象;另一方面也不会额外增加广告收入,节省了大量的营销成本。

四、担保品牌战略

(一)担保品牌战略的定义

人们在飘柔、潘婷、汰渍、护舒宝等众多产品广告中,最后总能看到一句话"宝洁公司,优质产品"或者"宝洁公司美化你的生活"的字样及"P&G"的标识;可口可乐公司的所有产品在包装上都印有"可口可乐荣誉出品"。这就是担保品牌战略的运用。

担保品牌战略是指企业品牌出现在产品广告或包装的不显著位置,告诉消费者该企业是产品品牌的制造商或核心技术与元件的供应商。对独立的产品品牌起到担保或支持的作用,以此获得消费者的信赖。形象一点来说,担保品牌战略就是让产品品牌站在聚光灯下,企业品牌则在后面托着它。担保品牌战略与主副品牌战略最大的不同是:担保品牌战略中产品品牌是主角,企业品牌或家族品牌是站在它身后给它撑腰、给它支持的配角；而主副品牌战略中企业品牌或家族品牌是主角，指代产品的副品牌是配角，对产品起到进一步补充说明的作用。

担保品牌战略主要是通过企业品牌在一定领域内的信誉和影响力，向消费者担保承诺其旗下产品品牌在品质、技术和信誉上的可靠性，使消费者感觉到既然该产品品牌出自名门，品质当然会有可靠的保障，从而增强产品品牌的权威性，提高消费者的信任度。特别是当企业的新产品品牌进入市场时，担保品牌战略能够打消消费者对新产品的陌生感，使新品牌迅速占领市场。当然在担保品牌战略中，承担担保作用的企业品牌与被担保品牌之间也是"一荣俱荣，一损俱损"的关系，产品品牌做得好，可以起到反哺担保品牌的作用，担保品牌由此更加光辉靓丽；反之，如果被担保的品牌出现失误，也会株连到起担保作用的原有品牌的声誉。

（二）实施担保品牌战略应注意的问题

一是担保品牌应该具有很大的品牌价值，拥有较高的品牌知名度、美誉度，能惠及旗下的产品品牌。实施担保品牌战略的企业，如宝洁、可口可乐、联合利华、五粮液等都是叱咤风云的知名企业。

二是企业品牌只是起到让消费者信任的作用，驱动消费者购买的重心还是产品品牌，所以企业品牌很少与产品品牌连在一起亮相，企业品牌一般隐在角落后面出现。

三是企业品牌如果同产品品牌的个性内涵相距很远，则不适宜采用担保品牌战略。比如，当一个过去生产中低档产品的企业推出高档产品品牌时，即使企业具有良好的声誉，也不宜采用担保品牌战略，因为企业品牌的联想不仅不能担保和支持高档品牌的推广，反而还会降低消费者对高档品牌的信任度，这种情况下企业就应当尽量割裂或淡化产品品牌和企业品牌之间的关系。

长春一汽曾经推出一款中档轿车品牌——奔腾，想要沿用"一汽"这个国有老企业的品牌声望，于是就把"一汽"的企业标识醒目地放在车头的中央，而把

"奔腾"作为汽车的型号标识,放在车尾的右侧,然而一汽由于在红旗轿车延伸策略上的失误,使得消费者并没有对"奔腾"汽车产生兴趣。所以"一汽"这个负重的品牌不仅没有起到担保、推荐的作用,相反还降低了"奔腾"在消费者心中的地位。品牌专家们认为,长春一汽应该让"奔腾"独自站在聚光灯下,尽量压低一汽的声音,而不是出来担保"奔腾"汽车。正如丰田公司为了推出高档品牌轿车"雷克萨斯",故意隐去丰田的印记,在对外广告宣传时也绝口不提丰田,就是因为丰田历来以经济型轿车为特色,丰田的公司品牌形象与"雷克萨斯"的品牌个性内涵冲突,不适宜用来起担保作用。

五、联合品牌战略

(一)联合品牌战略的定义

1. "联合品牌"与"品牌联合"之辨析

对于联合品牌战略的定义,不同的学者有不同的理解。广义的联合品牌认为"联合品牌是两个或两个以上现有的企业品牌进行合作的一种形式。通过联合,借助相互的竞争优势,形成单个企业品牌不具有的竞争力。"其代表人物是英国英特品牌公司副董事长汤姆·布莱克特(Tom Blackett),他在《品牌联合》一书中提出,品牌联合是"两个或两个以上消费者高度认可的品牌进行商业合作的一种方式,其中所有参与的品牌名称都被保留"。国内知名品牌学者,中山大学周志明据此认为联合品牌战略就是品牌联合,"联合品牌是一个名词,其动词形式即品牌联合。"

笔者不赞同上述学者提出的广义定义。"联合品牌"跟"品牌联合"表面上只是词序颠倒一下,其实两者不是一回事。品牌联合是不同的企业联手进行的一种联合营销行为,比如联合促销,两个或两个以上的品牌联合开展某种促销或广告活动,以此扩大影响和销量。例如 2003 年,嘉里粮油和苏泊尔开展金龙鱼和苏泊尔联合品牌推广活动,活动主题就是"好锅好油,健康新食尚",双方投入 2 000

多万元,并且在市场、品牌推广、销售渠道共用、媒体投放等方面展开深度合作。柯达和可口可乐也曾在中国推出"巨星联手、精彩连环送"的促销活动,即"消费者购买 6 罐装的可口可乐,可免费冲洗 1 卷柯达胶卷;同时,消费者在柯达快速彩色连锁店冲印 1 整卷胶卷,可以获赠 1 罐可口可乐",这一联合促销活动吸引了很多消费者参加。

除上述短期的促销合作外,品牌联合还可以有比较长期的合作方式。比如双方结成商业联盟,目前世界上绝大多数航空公司共同签约"寰宇一家"或"星空联盟",加入联盟的各家航空公司的客户可以在联盟内部航班之间签转,极大地方便了顾客,也提高了联盟内部的上座率和利润。

长期合作的方式还包括品牌合作营销。例如,英特尔公司与知名计算机制造商的合作堪称品牌联合进行合作营销的经典之作。英特尔是世界上最大的计算机芯片制造商,为了提高英特尔的品牌影响力,英特尔联合戴尔、IBM、惠普等计算机制造商,采用给予折扣的方式鼓励这些公司在他们出品的电脑上打上醒目的"Intel Inside"的品牌标识。英特尔与电脑生产商品牌合作的结果是:在没有投入大量广告宣传费用的情况下,"Intel Inside"迅速在全球家喻户晓,几乎成了电脑微处理器的代名词;而打上"Intel Inside"标识的电脑得到消费者极大的信任,变得更加畅销。同样,固特异公司宣称它生产的轮胎是奥迪、奔驰推荐使用的部件。

综上所述,品牌联合战略是不同企业品牌之间进行合作的营销战略,不属于品牌战略,更不等同于企业在品牌建设和规划中采用的联合品牌战略。笔者认为,作为企业品牌规划管理的品牌战略之"联合品牌战略"采用狭义的定义更为科学准确。

2. 联合品牌战略的狭义定义

所谓联合品牌战略是指两个或者两个以上不同所有者的品牌共同使用在同一个产品上,相互借势,共同发展,以实现 + 的效果。

（二）联合品牌战略的作用

1. 实现优势互补，开发新产品

联合品牌中的各个品牌要素，在不同的方面各自具有自己独特的优势，其中一个品牌具有的某种优势可能恰恰是另一个品牌所缺乏的特性。因此，通过品牌之间的合作打造一个联合品牌正好可以实现优势互补，开发出一个有市场、有说服力的新产品。正如美国明尼苏达大学的一位教授说："当品牌单独出现没有说服力时，联合品牌可以更好地标明产品的品质。"

目前，许多企业都采用联合品牌战略，寻求优势互补，力求实现共赢。其中最为成功的是日本索尼和瑞典爱立信联合推出的索爱品牌手机。在此之前，索尼在手机行业名不见经传，而爱立信的手机业务在诺基亚（"科技以人为本"品牌理念下展现的强大的技术研发能力）、摩托罗拉（强大的企业实力和行业领先地位）、三星（时尚设计与精致、功能多样化）的冲击下，手机业务全球亏损已经高达160亿瑞典克朗。2001年10月，爱立信和索尼两大公司各出资50%成立新公司，新的手机品牌索爱结合了爱立信在移动通信技术方面的优势和索尼公司在视听电子领域卓越的创新设计能力，一问世就步入了一线手机品牌的行列。2005年，索尼爱立信公司已经成为世界第三大手机生产商，2007年一季度营业额接近30亿欧元。

2. 提高品牌的延伸能力，同时还强化了原有品牌的个性和内涵

联合品牌实际上找到了一种进入新市场的新的途径。一般情况下，企业要想进入一个新市场，或者创造一个新品牌，或者将现有品牌进行延伸。如果创造新品牌，成本高、时间长、风险大；将现有品牌进行延伸，又会面临品牌个性模糊、内涵稀释的风险。而通过品牌联合进入新的市场则可以有效避免类似风险，因为合作的品牌都以自己原有的长处和优势跟对方进行互补合作，不仅不会放弃自己原有的个性和内涵，反而是对自己原有的传统和形象的强化。例如前面提到的联合品牌索爱手机，索尼和爱立信不需要改变自己原有的传统和形象，相反，通过合作，强化了各自原有的能力优势。

3. 降低促销费用,节省投资

由于联合品牌的参与方都是在各自行业领域里创立了知名品牌的企业,有良好的市场知名度和品牌影响力,也有各自的忠诚顾客。早先的品牌建设工作早就打下了良好的市场基础,联合品牌产品推向市场时几乎不需要另外再做太多的推广宣传工作就可以打开市场。联合品牌产品不光能够吸引原来各自品牌的目标顾客,而且由于强强联合,能够赢得更多顾客的信任和青睐。美国市场营销协会曾经做过一个调查,有 20 % 的人会买由索尼独家生产的数码影像产品,有 20 % 的人会买由柯达独家生产的数码影像产品,而当顾客得知是索尼和柯达公司联合出产的数码影像产品时,有购买意向的人比例则高达 80 %。

通过联合品牌战略,企业创建的品牌市场号召力更强,不仅如此,促销费用也很低,即使必须投入资金进行促销,费用也会由双方分摊,极大地节省了用于促销的投资。

4. 保持溢价,增加企业利润

由于双方原品牌的支持作用,联合品牌产品得到了更强的质量保证,满足了消费者更多的需求,因此可以确定一个比单一品牌产品更高的价格,获得溢价收益。

(三)实施联合品牌战略应该注意的问题

首先,实施联合品牌的企业应该旗鼓相当,不应该选择和自身品牌形象相差较远的企业,否则有可能损害强势品牌企业的形象。一般来说,实施联合的双方品牌应该具有相似的品牌价值和市场地位,弱势品牌很难高攀到强势品牌;反之,强势品牌一般也不愿意降尊纡贵,否则容易损害自己原有品牌的市场形象。

其次,联合的两个品牌应该内涵相容、优势互补、互相支撑、不会让消费者产生心理上的冲突,并且具有相近的目标消费群体。2016 年 5 月 21 日谷歌先进技术研究部门 ATAP 宣布,谷歌将与知名服装品牌 Levi's 展开合作,推出面向城市骑行者的"互联"智能夹克。通过这款智能夹克,用户只需在袖口上进行滑动操作,就可以控制音乐、接听电话及获取导航信息。显然谷歌和 Levi's 的品牌个性都是时尚、新锐,面向城市崇尚高新技术生活方式的目标消费群体。这一项目一旦成功,智能夹克必将成为又一个联合品牌的成功案例。

最后,联合品牌应该是两个品牌能够相互取长补短,形成优势互补的强强联合,而不应该是"平衡的联合品牌"所谓"平衡的联合品牌"是指企业将两个同类品牌平等地应用在一个产品上,原先各自的品牌产品个性和功能特征基本一致、形成交叠,两个品牌其实处于相互竞争的状态。平衡的联合品牌不仅不能使两个品牌优势互补,反而给消费者带来概念混乱,造成自己原先品牌顾客的质疑和流失。如美菱——阿里斯顿冰箱,形成联合品牌后,不仅没有互补双赢,反而造成内耗和消费者的困惑。

第四节　品牌更新管理

一、品牌重新定位

随着时代的发展、社会的变迁,品牌原有的目标顾客或者渐渐老去,或者产生新的消费偏好,品牌的市场销量不断下降,为了吸引新的消费者、扩大目标顾客范围,品牌必须重新定位,只有重新定位才能面向新的细分市场,提供新的品牌内涵和品牌诉求,满足新的目标顾客的需求,品牌才能更新成功,焕发新生。

品牌通过重新定位获得成功更新的经典案例有两个。一是美国莫里斯公司的某品牌香烟,原来定位是女士香烟,20 世纪 40 年代随着女性健康意识的提高,吸烟的女士越来越少,目标市场越来越小。1954 年公司请来著名营销策划人李奥·贝纳对某品牌进行了"变性手术",将该品牌香烟定位为男性香烟,产品口味也由淡口味重新设计为重口味,品牌形象也由原来优雅的都市女性形象描绘成浑身散发着彪悍、粗犷、豪迈、英雄气概的美国西部牛仔形象。重新定位彻底改变了该品牌的命运,在李奥·贝纳策划的第二年,该品牌就在美国市场上强势崛起,市场销量一下飙升到第 10 位,此后一路直上,成为全球第一大香烟品牌。

另外一个通过重新定位成功更新品牌的案例是中国的王老吉。王老吉是一种具有去火功能的传统凉茶,但很多年轻人并不愿意接受这种从传统中草药里面提取出来的产品,在一般消费者的观念里,王老吉就是一种中药冲剂。因此在 2002 年之前,王老吉凉茶的市场仅仅局限于华南地区,市场业绩不到 2 亿元。2002 年成美广告公司将其重新定位,由原来的"中药"定位为"饮料",功能由"去火"转为"预防上火",并且通过一系列传播手段,告知消费者"王老吉是饮料不是药",年轻人"熬夜、吃火锅、工作压力大"等都容易引起上火,要"预防上火",就要多喝王老吉。重新定位使得王老吉一下子捕获了年轻消费者的心,他们不再把王老吉视作一种传统的药品,而是一种新生活方式的必备武器。王老吉(后因故改名加多宝)从此市场销量扶摇直上,从两广地区迅速扩大到全国市场,成为中国饮料市场第一大品牌。

通过品牌重新定位来更新品牌虽然有着巨大的威力,但并不意味着品牌更新的成功率很高。恰恰相反,通过重新定位来更新品牌是一种难度很大、成本又很高的工作,它意味着品牌原有的一切都必须推倒重来,要在消费者心智中去除原有的品牌形象痕迹,代之以一个全新的品牌形象。而消费者往往一旦形成了对某一品牌的印象,会形成一种惯性,这种惯性会使得他们很难改变自己对品牌原有的认知。

曾经有个案例,20 世纪 70 年代美国年轻人认为通用公司的奥兹莫比尔品牌汽车不够现代,是适合老年人开的车。通用公司希望改变年轻人的这种看法,于是他们决定重新定位,把奥兹莫比尔定位成"现代化的""适合年轻人的车"。他们通过大量广告,用激情和年轻作为卖点来宣传展示他们的汽车。然而,由于奥兹莫比尔汽车作为一个老品牌,与美国老一代人的关联性实在太强大,再好的广告,再怎么改进的车型都无法改变消费者的看法。那句著名的广告语"这不是你父亲的奥兹莫比尔",更是此地无银三百两,不但没有改变人们的看法,反而更加强化了人们对于品牌原有的印象。最终,由于消费者对于这个品牌的印象太固执,很难改变,通过重新定位来更新品牌的策略宣告失败,通用公司被迫放弃了奥兹莫比尔品牌。奥兹莫比尔的例子表明,一旦消费者对品牌有了先入为主的印象,通过重新定位来更新品牌难度是相当大的。因此,更新品牌第二个重要的也是相对容易的策略就是对品牌要素进行更新。

二、品牌要素更新

品牌要素包括品牌的名称、标识、代言人、口号、广告语、品牌产品的包装等,通过对品牌要素进行改头换面的更新,可以使消费者产生耳目一新的感觉,使品牌始终保持新鲜感和活力。具体做法有以下几种。

(一)更换品牌名称

企业通过更换品牌名称来更新品牌,主要由以下几种情况引起。

1. 品牌名称地域色彩过浓,局限了企业的对外发展

有时候企业为了谋求更大的市场发展空间,必须突破原来的地域限制,开辟新的市场,如果原来的品牌名称带有鲜明的地域色彩,就会给企业的向外发展带来限制,这时就必须及时更改品牌名称。20世纪90年代初,"南京书城"作为改革开放后中国第一家民营书店,经营得风生水起。管理层决定扩大经营规模,到上海和安徽去开分店,但在走出去的过程中,发现"南京书城"的地域性色彩过浓,以致外地的读者以为该书店是专门经营南京地区出版社的书籍,或者该书店卖的书都是有关南京知识的书籍。为了避免消费者的误解,管理层及时把南京书城更名为"大众书局",从而获得了较好的发展。

通过更换品牌名称来更新品牌,反映企业新的战略布局的例子还有许多,最常见的是银行。多年前中国为了适应地方经济发展的需要,成立了许多地方性商业银行,如上海浦东发展银行、广东发展银行、福建兴业银行等。后来随着中国经

济的发展,这些地区性商业银行也获得了向外发展的机遇,为了跟国有大银行展开竞争,摆脱地方银行实力弱、业务范围窄、管理水平低等不良的负面品牌形象,这些银行纷纷通过改名更新品牌,去掉品牌名称中"上海浦东""广东"和"福建"等地区字样,直接命名为浦发银行、广发银行和兴业银行,显示企业摆脱地方局限,迈向全国,迈向国际发展的雄心壮志。

2. 企业经营业务或经营模式发生变化,原有名称不能反映品牌新的内涵

有些时候由于市场的变化,企业的经营模式发生了相应的改变,这时及时更换名称、赋予品牌名称新的意涵,也是更新品牌,给品牌注入活力的一种方式。如在电子商务风起云涌,消费者网上购物已成常态的情况下,"苏宁电器"所有门店及时更换门头为"苏宁易购",昭示了企业在电子商务时代业务模式的新拓展和新追求。

3. *消费者的需求和偏好发生变化*

随着社会发展,消费者的需求和偏好在发生变化,当原来的品牌名称不再适合消费者需求或者会引起消费者负面联想的时候,更换品牌名称可以有效地避免消费者对品牌产生不良感受。如近年来由于肥胖问题越来越引发人们对健康食品问题的关注,肯德基把品牌名称由原来的"肯德基炸鸡"缩减为"KFC"三个英文字母,刻意淡化肯德基高油脂、高热量食品的产品特征,满足现代人追求健康饮食的心理需求。

综上所述,更换名称是品牌更新很有效的方式之一。前面所举例子中美国通用公司的奥兹莫比尔只是一味企图改变品牌在消费者心中的定位,但却不对奥兹莫比尔(Oldsmobile,英文意思是"老年人的汽车")这个显然跟品牌定位完全对立的名字加以改动,消费者怎么能改变对品牌原有形象的印象呢? 品牌更新失败也就不难理解了。

(二)更换品牌标识

品牌标识的更换与品牌名称的改变具有相同的作用。当企业的业务范围、经

营模式发生了改变,品牌的内涵也就跟过去有所不同。为了更加生动直观地展现品牌新的内涵与定位,给消费者一种全新的品牌体验,企业就有必要更换品牌标识。而且由于视觉的效果,品牌标识的改变更容易让消费者产生新鲜感,因此即使企业的业务经营内容和模式没有发生变化,为了避免审美疲劳,避免由于消费者喜新厌旧心理导致的品牌老化,品牌标识也会定期进行更换。如肯德基的品牌标识从 1952 年到现在已经更换了 6 次;某手机品牌的品牌标识更换变动了 5 次,用该手机品牌管理团队的话来说:"我们品牌标识的每一次变化都是核心产品的变革,我们并不是放弃简约主义,而是品牌的核心价值变化,标识的设计要兼具时代性与持久性,如果不能顺应时代,就难以产生共鸣。一个品牌标识的好坏判断方式,不应该是单纯的判断它有没有跟随潮流,还应该是有没有很好地表达企业理念和品牌的核心价值。"

不只是外国知名品牌经常更换品牌标识,中国的企业也会根据企业战略发展的需要及品牌内涵的变化,及时地更换标识,以此来更新品牌。如华为公司在2006 年 5 月就全面更换品牌标识,把原来标识中的"华为技术"中文字样去除,变成英文字母 HUAWEI;同时把花瓣数量减少,花瓣的线条更加柔和圆润,视觉效果更加自然,具有亲和力,表达了华为公司以客户为导向,走向国际化的一种战略决心。

(三)更换品牌口号

品牌口号直接反映和体现品牌的核心价值,为了不使品牌老化,品牌的价值理念必须始终契合时代的脉搏,即使核心价值的内涵没有改变,也应该在表述上体现出与时俱进的姿态。因为每一个时代都有每一个时代的流行语,品牌口号如果几十年如一日,就会给人以品牌老旧、不思进取的不良感受。如 20 世纪 90 年代曾经开创了中国营养新品类的维维豆奶上市后受到消费者的极大欢迎,"维维豆奶,欢乐开怀"的广告语家喻户晓,人人传诵,可惜几十年来从来没有改变,消费者失去了新鲜感,品牌也就不可避免地老化了。反观可口可乐,100 多年来产品口味并没有改变,可口可乐的品牌个性和核心价值也没有改变,但它的品牌口号却经历了100多次的更新。直到今天,可口可乐仍然是年轻人最熟悉、最喜爱的品牌,充满活力、充满激情,丝毫没有老化的迹象。

(四)更换品牌代言人

每个时代都有每个时代的审美观,这就导致不同的时代人们心目中的偶像是不一样的。为了避免品牌形象老化,企业还应该通过经常更换品牌代言人来不断地给品牌注入新鲜感和活力,从而吸引一代又一代的消费者。例如,百事可乐定位"新一代的选择",因此在全球各地每年它都请出最当红、最受年轻人追捧的流行歌星、影星、体育明星来做它的代言人。据不完全统计,全球曾为百事可乐代言的名人有迈克尔·杰克逊、麦当娜、贝克汉姆、罗纳尔多、齐达内、罗伯特·卡洛斯、皇后乐队、费戈、劳尔、亨利、布兰妮、贾斯汀·比伯、布莱克、珍妮·杰克逊、凯利·米洛、RAIN等各国巨星;在大中华地区,担任过百事可乐代言人的明星包括王菲、张国荣、刘德华、郭富城、郑秀文、周杰伦、朱孝天、言承旭、蔡依林、吴建豪、周渝民、姚明、谢霆锋、李小鹏、陈慧琳、赵晨浩、热力兄弟、古天乐、黄晓明、李俊基……从这份长长的名单就可以看出,每个国家、每个年代年轻人喜欢、熟悉的偶像都曾经为百事可乐代言,因此企业便不用担心品牌老化。

(五)更换产品包装

当企业实在无法通过改进产品质量、性能等方法来更新品牌的时候,通过改变产品包装,给消费者新鲜感,以此来更新品牌,也是一个简便且行之有效的办法。通过更换产品包装来激活品牌最经典的案例,莫过于许多中国人非常熟悉的护肤品品牌"百雀羚"。中华老字号"百雀羚"诞生于1931年,其包装一直采用经典的蓝黄铁盒子,上面有四只小鸟,虽然经典的包装形象深入人心,刻进几代人的记忆中,然而一成不变的包装,开启不方便的铁盒子,再加上单一的产品,使得"百雀羚"20世纪在八九十年代以后就被市场冷落,陷入困境,面临被时代淘汰的命运。2011年,"百雀羚"除在产品设计上开发出许多新产品外,在包装上也开始了大刀阔斧的更新,首先褪去了几十年来一成不变的蓝黄色铁盒子,换上了嫩绿清新的淡绿色瓶装,品牌更新一举获得成功。2013年国家主席夫人彭丽媛出访国外,"百雀羚"被选为送给外国元首夫人的国礼,更是声名大振,成为国货复兴的典范。许多消费者因为"百雀羚"漂亮的包装而对该品牌爱不释手。

需要指出的是,品牌要素不应该等到品牌老化之后再作更新,作为一项品牌管理的常规性工作,品牌要素应该根据公司战略发展和市场的需要主动积极地进行更新,避免消费者产生审美疲劳,使品牌的市场吸引力下降。美国通用磨坊公司的食品品牌贝蒂·克罗克80多年来更换了8次虚拟代言人,肯德基的品牌标识自1952年以来已经更换了6次。有时候消费者还没有意识到,品牌标识就又更换了。因此适时适当对品牌要素进行更新,是保持品牌生命力的一种策略,是激活品牌、更新品牌非常有效的一种手段。

三、品牌传播更新

互联网时代媒体的发展非常迅猛,几乎达到令人目不暇接的地步。除传统媒体外,各种新媒体、自媒体的出现更是层出不穷,消费者对于媒体的选择多样性极强。因此,企业一定要根据目标顾客的媒体使用习惯,及时更新品牌的传播手段。微博、微信这些新的传播手段都应该加以使用,广告和代言人的选择也要紧扣时代脉搏,展示品牌的现代感和活力,只有这样才能取得理想的传播效果。

第七章 互联网时代的品牌顶层设计

第一节 互联网时代的品牌打造

一、互联时代品牌打造的三个原则

企业之所以能够存在,是因为其为社会创造了价值,为用户创造了价值。互联网时代的到来,似乎让传统企业一夜之间陷入了困局。但回过头来,回归本源看品牌营销,我们就会发现,互联网时代的品牌打造,离不开以下三个原则。

(一)发现社会价值

从价值的层面来看,品牌营销就是发现价值、塑造价值和传递价值的过程。随着互联网时代的到来,信息碎片化、信息爆炸加速、信息的流动和传递,商家与消费者的互动更加充分,消费者与企业和商家的沟通更加扁平化,信息不对称的情况已经大为改观,甚至一去不返。这也预示着,企业做品牌、做营销需要更加关注消费者而非竞争对手。

1. 价值来源

价值主要来源于三个方面:一是满足需求;二是达成企业目标;三是承担社会责任。满足需求而不是需要,同时达到企业的营销目标,最终为消费者和社会做贡献。

无论是基于企业的品牌还是营销,企业要深度发掘基于消费者层面的"核心需求",而这种"需求"是基于生理的需求,但又离不开消费者的精神和文化层面需求,即要由生理、功能的需求上升到心理、精神和文化的需求和向往,造就一种令人神往的生活方式、体验、精神寄托和归宿。因此,无论是高端品牌还是普通的大众品牌,其代表和提供的价值,一定是和目标群体相联系,能从精神层面诠释这种联系和相关性,并做到尽可能的高度重合,而这样的重合就能引起目标群体的共鸣。

2. 价值呈现

关于价值的呈现,是在品牌价值发掘和规划之后,所展示出来的整体形象,如包装形象、产品形象、企业形象、服务形象、行为方式等。如果此刻将品牌看作一个人,价值的呈现就是这个人是什么样的一个人,具有什么风格、主张和行事方式等。

价值的呈现,当然不仅仅是一款产品的外观或者包装,更应该包括品牌的故事、历史、文化和精神内涵,这需要长期的运作,而非一日之功。李嘉诚说过:"富不算什么,要由富到贵。"所谓贵族,并不是你赚到了足够多的钱,而是你要有一种积累和沉淀,其心态也要达到同样的高度才行。

3. 价值传递和扩大

价值传递是在价值发掘、规划、呈现后的最后一步,也就是将价值传递出去,让目标消费者体验,并形成口碑和消费忠诚度。

有人说小众产品要大众传播,还举例法拉利跑车经常参与 F1、开设体验馆等。其实,赛车、跑车跟高端水平的行业属性是不一样的,法拉利参与 F1 是跟其品牌属性高度相关的,体现和传递了一种运动和冒险的精神,和高端人群在商业领域的冒险精神也一脉相承。这跟高端品牌的"大众传播"关系不大,只能算是软性广告和互动广告。

企业的品牌核心价值是什么,要呈现什么价值给目标消费者,那么就要选择一条跟目标消费者高度重合的传播渠道,跟目标消费者心理、接触媒体的习惯及他们的所思所想要吻合,而不是一味地小众品牌大众传播。那样就算场面很热闹,实际上做的是跟企业的品牌目标消费者远离和背离的事情。

(二)精准把握客户痛点

客户"需求"是一个很"虚"的概念,而痛点就是硬需求。做营销只有把握客户的"痛点"才能找到快速崛起的突破口。无论大企业还是小企业,都需要把握客户的痛点,洞察消费市场的趋势和先机。特别是大企业,不能单靠等待机会,而是要创造新的市场机会。如腾讯,如果继续基于 QQ 的应用、游戏进行升级,是无法创新,形成自身的优势的,甚至会被其他互联网公司超越。这时,张小龙主导开发的微信出现了,腾讯敢于"革自己的命",从模仿走向了颠覆和创新,因此在移动互联网的战场上领先了一步。

(三)界定品牌的边界

首先,企业业务的聚焦。娃哈哈历年的增长,靠的不是童装、地产、煤矿、超市,也不是白酒,而是饮料。聚焦大食品,做大单品,是保持稳定增长的主要路径。

其次,无论是互联网时代还是传统营销时代,拳头产品,也就是大单品是企业获得高利润、不断壮大的根本。人人都说要去做平台,但平台的形成却没有那么容易,特别是对实体企业而言,核心产品是第一位的。只有具备有竞争力的拳头产品,企业才有机会做成平台和生态链。

最后,差异化的商业模式。要做到差异化,第一,有发展趋势的产品;第二,有凝聚力的团队;第三,有差异化的商业模式。专注企业核心业务,做强、做深、做透。好产品决定你能做多快,好团队决定你能做多久,而差异化的商业模式决定你能做多大。

二、品牌打造的五个步骤

互联网时代,营销的本质并没有变,还是需要经营者把握需求、满足需求、控制需求。但在互联网时代,打造品牌的工具和方法却一直在变化。以前,通过大规模的广告运动和推广活动让消费者知晓品牌(知名度),然后再通过缩小范围进行有针对性的告知和推广(认知度)。这时受众范围缩小了,再通过连续的有针对性的推广和活动形成美誉度,直到忠诚度的形成,之后形成良好的品牌联想,最终成为口碑,消费者帮助企业去传播。

互联网时代的品牌打造与传统品牌打造模式刚好相反,先做口碑,再做忠诚度直到全面覆盖受众。以下是互联网时代品牌打造的五个步骤。

(一)极致口碑

极致口碑来源于极致产品,没有好的产品,一切都是空中楼阁。要做到极致必须达到以下几点要求:第一,小而精。如果一年推出几百种产品,要做到"极致"很困难,但如果一年只推出几款产品,就可能做到。第二,界定好边界。品牌都要有边界,一个品牌只能代表某类消费群,而不能是全部的消费者,所以要有所界定和取舍。如娃哈哈做地产、做超市、做童装,甚至做白酒,都很难成功。第三,快速革新和升级。任何一位顾客都不希望十年如一日看到同样一种产品。

特别值得注意的是,口碑的来源是超出客户的期望。如宜家的购物环境体验。到了宜家,上扶梯可以看到扶梯外面还有一个保护装置,是防止儿童乘梯出现意外,让人感觉很贴心;在一张床垫的旁边或者一张沙发的上面,会看到这样的温馨提示:请躺下(坐下)试试。而其他很多卖场,会看到这样的提示:非请勿坐。一看到这样的"警告",你会想立马转身走掉。

(二)由极致口碑形成忠诚度

有人说,互联网时代是去中心化、媒体碎片化、没有权威的时代,因为大家自身都是"权威",是媒体,这话不无道理。但本书仍然认为互联网时代一样可以形成品牌忠诚度,一样可以塑造伟大的品牌。

由内而外的品牌塑造,更有爆发力和穿透性;由铁杆粉丝、"骨灰级"玩家形成的口碑,带动最核心的目标用户,完成最关键的消费群(圈子)建立。这些用户是种子用户,可以不断进行向外地辐射并影响其他用户。

(三)忠诚度到更大的美誉度

种子用户积累到一定程度,就需要向更大的消费群进行扩容。实际上这是一个最关键的环节。培养口碑、忠诚度的消费群还是小范围的,也是可以控制的,如小米的粉丝从100人发展到1 000人的时候很容易,但如果要达到1万人、10万人,甚至百万人的时候,起码需要做到以下两点。

一是社会化媒体的参与。如微博对于陌生人之间的营销和话题性炒作或者传播效果非常好,引发事件等于在陌生人之间快速传播。

二是最终"引流"到目标消费群上。一般通过活动形式开展,如微博的抽奖、关注转发有奖等手段,在内容上有趣、好玩。

(四)美誉度到更广泛的认知度

精准地做消费群和社群工作,并不仅仅是为了在小的圈子获得认可进行变现,营销的终极目标是实现全渠道的分销。一款产品的全面畅销,一定是线上、线下的货畅其流。

从美誉度到更广泛的认知,其实就是要让传统媒体参与进来,利用传统媒体的优势,更广泛地覆盖消费群体。这一步是借助传统媒体进行传播,特别是免费的传播,为品牌的继续强化服务。

(五)认知度到全部受众的知名度

经过以上的四个步骤,基本完成了互联网时代的品牌打造。最后是需要线上和线下的结合,打造一个全社会有影响力的品牌。这时候需要央视等全国知名的传统电视、杂志、报纸等媒体平台的参与。

很多互联网品牌,从诞生之日起,从没有在传统媒体上打过一分钱的广告,直到有了很好的口碑,才在央视或者卫视打出形象广告。这个时候,是品牌全面覆盖消费者的时候,是互联网时代品牌建立的最后一步,也是快速且成功地建立一个公众品牌的时候。

从品牌营销的角度来说,这五个步骤当然不是孤立存在的,但从企业价值、顾客价值的角度上来说,"知名度"绝对不是品牌的一个初级阶段,而是品牌的终极阶段。

美誉度、忠诚度当然可以起到口碑传播、带动销售的作用,但"知名度"覆盖达不到全体受众,就不会成为一个全社会有影响力的品牌。只有让更多人知道,才有更多的销售机会,因此从这个角度来说,没有"知名度",一切销售都是空谈。这也是跨国公司需要不断进行传播的深层原因所在。

三、品牌打造方式

(一)从大人群到细分社群

传统营销中,一个品牌可以覆盖一大群人,尽管也会做出一定的细分,但是没有那么强的针对性。例如,保健酒细分人群就是男性群体。在互联网时代,企业要细分消费人群就不能笼统地说目标客户是白领,还应该继续细分。

企业在品牌打造上面要做好精准定位。如煎饼铺,20平方米不到的面积,16个座位,主打产品是不起眼的煎饼果子,店铺外面却经常排起长队,这么火爆的原因在于:以煎饼果子为主打产品,客户定位在中央商务区的白领身上。对于追求生活品位但又时间有限的白领来说,对食品的要求主要有三点:一是物美价廉;二是卫生;三是要有一些附加值,如就餐环境舒适、有格调。

某煎饼铺的食品攻略是这样的:把营业时间定为每天早上7点到第二天凌晨两点半,而且推出了夜间外卖;重视品质,油条一定要无明矾现炸,豆浆一定要现磨。着力打造格调,店面装潢以港式茶餐厅为模板,精挑细选了流行、爵士、蓝调等背景音乐,店里陈设着从世界各个角落淘来的小玩意儿,比如,从巴黎带回来的斑牛雕塑,从日本买来的招财猫,这一系列策划和布置,极为符合白领的需求。

这就是品牌打造之道,从大人群到细分人群。这是因为细分人群后,小的市场反而更容易成功,代价更少。在移动互联网上,企业的竞争对手会变得更多,想要脱颖而出首先要做的就是聚焦个性化的目标市场。就像在大池塘能捞的基本是小鱼,而关注小池塘的大鱼才是网络时代的科学市场细分方法,因为这里的"鱼"基本是一类,用一种"鱼饵"就够了。

以前在谈到人群定位和商业模式选择时有一个最大的"谎言":如果每个中国人给我1块钱,我只挣每个中国人1块钱,那我就盈利13亿元。这最大的失败原因就是产品的定位人群广,受众面太大,所以到最后99.99％的项目和公司都失败了,只有马化腾等互联网的平台型公司做到了。小米的雷军一开始给手机的定位是:发烧友级别的手机。很多人觉得一定会失败,因为光靠卖发烧友养不活公司,结果小米成了发展最快的百亿美元级公司,成了中国智能手机的霸主,成了年销量近乎1亿台的男女老少皆宜的手机。小米一开始定位为专业的发烧级人群,它的品质、情怀、释放参与感赢得了更多人群的喜欢,实现了从点到线,再到面和体的扩散。现在除了年轻人,还有很多中老年人也在使用红米,可以说是实现了全人群的覆盖。小米成为智能手机"便宜耐用"的代表,成了智能手机的入门标配、发烧标配、年轻标配。这就是定位越小,企业反而做得很大;定位很大,企业反而做得很小的例证。

(二)从 USP 独特卖点到 CEP 顾客互动点

以前企业在打造某款产品之后,都会提炼产品卖点 USP(独特的销售主张),认为提炼了这样的卖点、广告语、品牌就可以让消费者轻松区分不同产品之间的差异,确定自己的产品优势,消费者就会购买自己的产品。不得不说,这种方式确实有过一定的辉煌,但是在互联网时代,社交媒体如此发达,消费者要想知道一款相似、销量高、好评多的产品,几乎在微信朋友圈发布一条消息就可以达到目的——消费者更愿意购买那些经过大家验证过的产品。

所以,品牌塑造应该转移到 CEP(顾客互动点)。要了解 CEP,先要认识营销流程。传统企业做营销流程只是一个交易,而互联网新营销流程是8个字:"接触""互动""交易""关系"。这就像谈恋爱,恋人间没有之前的早期"接触"和约会"交流",是很难进入结婚("交易")及形成夫妻间深厚感情的忠诚"关系"的。所以说,传统营销流程就是纯粹的买卖关系,是需求造成的。在互联网时代,满足顾客需求的同类品太多了,企业要想形成自己的核心竞争力就需要从 CEP(顾客互动点)来合理定位,把产品和情感连接起来。因此,企业不仅要投入精力和财力来设计商标,更要投入到和消费者的接触点营销,这才是营销的重点。

（三）从整合营销到互动营销

在互联网时代，真正好的品牌不仅是多样化的传播方式，更重要的是企业和消费者之间的互动沟通（前面说的 CEP 谈到了互动的重要性）。所以，在互联网时代，品牌塑造要将重心从渠道传播的整合营销转移到 365 天和消费者保持互动上来。

品牌之所以是品牌，其价值在于提供体验，良好的体验才能让消费者重复购买。只有重复购买才能称之为品牌，如果企业只是跟消费者一锤子买卖，交易完就没事了，没有互动，没有评价，没有转介绍，那跟普通产品毫无区别。消费者的认可、忠诚、互动才是一个品牌应有的附加值。所以，在互联网时代，品牌的营销方式也在发生着巨变，与其在传统渠道和媒体上加大投入，不如在与客户互动方面下功夫，让消费者去认识、感知、体验品牌，最终成为忠实的用户。

（四）从传统大众媒体到社会化网络媒体

以前，创建一个品牌无非就是打通销售渠道，然后挖空心思想好广告语、卖点等，接着就是通过电视、报纸、杂志、广播等传统媒体进行轰炸式的推广，让消费者知道企业的品牌，再加上企业在一些地区进行线下活动，争取一些品牌的曝光率，让消费者进一步感受企业品牌，从而让企业品牌脱颖而出，达到推动日后销售的目的。

在互联网时代，新媒体非常发达，消费者的注意力被分散了，不像以前在单一媒体时代，企业品牌很容易就能引起消费者的关注。企业原来的做法是 AIDA（引起注意——引起兴趣——作出决定——购买行动），网络时代是 AISAS（Attention，Interest，Search，Action，Share），中间比原来多了 Search（搜索），最后多了 Share（分享）。毫无疑问，新媒体时代消费者有了更多的选择。对企业来说，品牌的打造方式不再单一了，只有选择适合自己和对应消费者的新媒体才能让品牌塑造更加顺利，让品牌推广效果更好。

（五）从形象工程到顾客评价

以前，企业和消费者是单一沟通的，消费者和消费者之间很难接触到，即使有消费者对企业品牌投诉,其他消费者也看不到。所以,很多消费者在购买产品的时候,会以那些从传统媒体上能够看到的产品样式、商标等作为购买依据。因此,很多企业只要把形象工程搞好,在传统媒体上多做广告,一般就不会运营得太差。

但是,到了互联网时代,社交媒体发达了,消费者之间即使不认识,也依然可以通过社交媒体上其他消费者对产品和企业的评价来获得信息。于是,企业的口碑变得非常重要,良好的口碑无疑是消费者购买的关键因素。小米手机的销量之所以好就是因为它们口碑好。消费者的口碑可以让一款产品迅速成为一种品牌。

得益于网络,消费者之间开始沟通,互通有无。网络让消费者之间产生了联结,他们在网络上的各种资讯中获得品牌的信息,不断交换彼此对品牌的看法。所以,企业必须打进社交网络,官方微信、微博、WAP站、官网等都是消费者了解企业资讯的第一站。企业需要一个交互营销策略让自身的品牌在搜索引擎关键字和自然搜索优化上取得最好的搜寻效果,让网上出现更多正面的口碑评价。

在互联网时代,消费者的角色发生了重大变化,消费者已经成为企业品牌设计的参与者、品牌塑造的推动者及品牌推广的营销者,成为企业免费的营销员。营销从企业主导转为消费者主导,相比传统品牌塑造的重点在传统付费媒体和大众市场上,消费者现在更愿意通过自己搜索及好友分享来决定购买哪个品牌,所以在网络时代,只有良好品牌体验的品牌才能真正称为品牌。

第二节 互联网时代的消费者角色定位

一、受众

看到、听到、接触到产品或者品牌信息的人,我们称之为受众。如果说知名度已经有了,不需要在这个层面继续进行传播,那么可口可乐就不用继续做广告了,因为知名度已经很大,没人不知道这个品牌。但为什么可口可乐还是大规模进行受众的传播,为什么小米手机做出了规模还要在央视投入广告,因为知名度是第一位的,并且也需要维持,提醒受众进行消费,否则就没有消费者的来源。

二、用户

我们将使用企业产品或者服务的个人或组织称为用户。用户可能是付费的,但也可能是没有付费的。对于做品牌而言,"用户"这个词的出现可以算作是互联网发展的一个里程碑。一切以用户为中心,这也是互联网思维的第一要素。

360软件用免费模式打败了瑞星杀毒和卡巴斯基杀毒软件,QQ游戏打败了联众游戏,都是免费的力量。免费只是一个商业模式的手段,并不是目的,因为有了用户,聚集了用户,就不怕没有赚钱的机会。这其实跟线下的百货和卖场的道理是一样的,有了人流量就可能有赚钱的机会。

淘宝用免费开店聚集了几百万家店铺,通过支付宝盈利了,也通过从集市店进行筛选升级做了天猫的平台,实现了收费。而前面说的一切,如淘宝亏损10年,要的就是用户,因为一切要回到"用户是基础"的原点。

三、消费者

消费者是不但消费而且是付了款的用户。消费者是衣食父母,但千万不要把消费者作为"上帝",上帝看不见摸不着,企业要把消费者作为朋友。既然说消费者是衣食父母,就要时刻想到怎么做好消费者的服务,让消费者满意,甚至超出消费者的期望。还要时刻想到消费者有什么需求没有满足,用好的产品、包装、品牌打动消费者,让消费者不但买,而且不停地重复购买。

四、传播者

经营者不但要让消费者自己购买产品,还要让消费者告诉身边的亲朋好友也来购买,实际上消费者已经成为企业的口碑宣传员。大家都有这样的体会,看一个广告上说某款产品好,一开始还不一定相信,但如果身边的好朋友说这个品牌或者产品好,信任度会大幅提升。如果能让消费者自己说好,向身边的朋友说好,企业的品牌和产品就会迅速实现销售,占领市场。

要让消费者"自动自发"地对产品进行传播需要做到以下三点:一是有利,跟消费者的利益相关。在信息过度和信息爆炸的时代,跟自己无关的东西,消费者基本会忽略,不会去评论和传播。特别是在互联网时代,一段时间的热度是按照分钟计算的,过了这个点,就没有价值了。二是有趣味性,好玩。在这方面,杜蕾斯的新浪微博社会化营销就相当成功。三是有记忆点。能够快速地记住,如一句流行的广告语、一个卡通形象等。

第三节　互联网时代的品牌价值重组

一、品牌价值

（一）功能价值

一个品牌的产品,必须要满足消费者的某种现实需求,即该产品一定要有使用价值。消费者不会购买过期食品,不会购买坏掉的钟表,因为这些产品无法满足他们食用和计时的需求。无论一个品牌多么响亮,一旦产品质量出现问题,就不可能受到消费者的追捧。

（二）情感价值

情感价值是品牌的内在价值,是品牌文化的表现之一,在很大程度上影响着消费者的品牌偏好。比如,可口可乐和百事可乐这两款很多人都尝不出味道差别的,之所以各自拥有忠实的客户群,是因为可口可乐的品牌定位是"最正宗的饮料",而百事可乐的品牌定位是"属于年轻人的饮料"。它们通过一系列品牌塑造的宣传活动,为不同人群注入了不同的品牌印象。因此,消费者在选择自己钟爱的可乐品牌时,往往并不是因为其味道,而是为了一种情感上的共鸣。

（三）自我实现价值

对于品牌的不同选择，代表着一个人的地位、品位和价值观等。那么多的人之所以热衷于奢侈品，可能是因为这些知名品牌在质量、外形设计上要优于一般品牌，但绝不只是这些因素影响人们的选择。奢侈品可能代表的是一种地位，能够买得起奢侈品的人，在他人看来可能是成功者，是社会的精英阶层，而奢侈品的消费群体则因此获得了自我认同和社会认同。

二、品牌核心价值的构成维度

品牌具有功能性利益、体验性利益与象征性意义三种不同的利益体现。所以，品牌核心价值也可以从情感、物理及象征价值三个维度上体现。

（一）物理维度

物理维度就是指产品的使用价值及效果，通常指的是产品的功能，以及产品所具有的属性、产品的质量、产品能够给人们带来什么作用。物理维度是消费者对产品的第一印象。很多的消费者是通过第一印象产生好感之后选择产品，进而才会长久地对此品牌产生一定的信任感，所以产品在推出的时候起重要作用的是物理维度。物理维度如何维持下去就要靠产品的价值。

通常产品需要从物理维度来维持自身的价值是在产品刚上市及产品被人们熟识之后的阶段。此时，一般企业会选择用物理维度来吸引消费者的眼球，增加产品的产量及消费水平。但是，在创造一个产品的时候，产品所具备的物理属性是很容易被其他的品牌所模仿的。所以在消费者对产品产生一定的认识度之后，应当加强产品的核心价值，赋予产品更多的情感和价值主张。

（二）情感维度

情感维度在于当下顾客对产品产生了兴趣，然后在试用过程中感受产品的好处，进而购买产品后产生的感觉。情感维度具体是指通过消费者对此产品所产生的感情，以及产品能够满足消费者的心理所需，使之对产品产生依赖。

情感维度是要构建一种生活格调、文化氛围或精神世界,为消费者拥有和使用品牌赋予更深的意味,引导人们通过移情作用在产品消费中找到自我和获得慰藉。同时,将感情维度注入品牌中,会使品牌具有生命力,变得有活力、有性格、有魅力、有风格,并能与消费者产生"心心相印"的精神共鸣。

(三)象征价值维度

人们在选择某一产品或者商品的时候,往往是为了能够体现自己与其他人的不同,并能代表自己特有的个性。所以人们在选择品牌的时候就会选择一些能够代表自己特性的品牌,来加强自身的形象,这种象征价值就是消费者向人们所流露出来的,展现自己的同时也是为了别人能够认可自己。

象征价值维度向人们展现的就是一种对价值观、生活态度及个性化的追求,所形成的具体表现,从而使消费者产生印象并影响消费者的价值体系。例如:谷歌在价值方面所追求的就是"永不满足,力求更佳"的态度;迪士尼所呈现的"梦想＋信念＋勇气＋行动",体现了一种积极向上的价值观;可口可乐的"快乐与活力",体现的是一种生活的态度;劳力士的"尊贵、成就、完美、优雅",体现的一种生活品质。将品牌形象化,赋予这一形象一定的特征,从而体现了自身的核心价值。

(四)三个维度之间的关系

核心价值的三个不同的维度像是一个有秩序的整体,相互依赖、相互匹配、协调发展,共同为品牌的核心价值发挥作用。不过,由于品牌的不同,所具有的核心价值也会有所不同,导致三个维度之间对品牌的支持强度也不一样。

总之,一个品牌核心价值的提炼既可以是三个维度中的一个,也可以是三个维度的组合。实践证明,有效的品牌核心价值组合更有利于培育消费者的忠诚。

三、品牌核心价值的确定

品牌赖以长期生存的基础是解决客户的核心需求,即提供给客户的核心价值。

它决定了一个品牌价值最终带给消费者哪种利益方面的体验。品牌价值可以有多个方面的体现,然而,品牌的核心价值只能有一个。强势品牌的核心价值多指向情感价值和自我实现价值。比如,某汽车品牌的核心价值是"驾驶的乐趣和潇洒的生活方式"对于一个品牌来说,确定核心价值非常重要,它是一个品牌的核心与灵魂。一个品牌想要定位自己的核心价值具体可以采取强调品牌的领先地位、推出新一代产品、关联定位法、对立定位法、切割定位法等定位自己的品牌。

(一)强调品牌的领先地位

当一些世界知名品牌进入中国市场时,往往没有经过大量宣传推广便能获得消费者的认可。其优秀的产品品质自然是原因之一,但更重要的是,它们分别是快餐行业和IT(信息技术)行业的佼佼者。也许消费者并不了解这些品牌的内涵,但这并不影响他们进行消费,这主要就是源于品牌领先地位的引导。

品牌的领先地位包含许多方面,一个品牌很难每一项都做到第一,但只要有一点做到领先,并给消费者留下深刻印象,那么便能为品牌注入强大的竞争力。

通常,品牌的领先地位会从以下五个方面表现出来:一是产品销量和市场占有率的领先地位;二是企业资产规模的领先地位;三是杰出人才和伟大领袖的领先地位;四是技术能力的领先地位;五是细分市场的领先地位。

除以上五种传统的领先要素外,企业还可以独辟蹊径,寻找竞争对手所没有关注的要点快速抢占高地。找准品牌优势,坚持自己的风格,将品牌的领先因素发扬光大,并进一步变为独特的品牌识别,是迅速成就领先地位的关键所在。

(二)推出新一代产品

推出新一代产品也是一种在消费者心中很好地定位品牌核心价值的方法。营销者可以通过新一代产品加深消费者心中对品牌核心价值的印象。比如,某手机品牌强调科技,更加强调人本主义。它每推出一个新产品,消费者都能感受到其强大的功能,同时该手机品牌精致的外形设计更加符合时尚消费者的要求。在强调"科技""时尚"之下,该品牌自然成了众多消费者的选择。

（三）关联定位法

所谓关联定位法就是品牌与同类的其他品牌相关联,努力发展成第二品牌。这样,在客户的心中你就会成为第二选择。

企业将自己的品牌与同类的领导品牌相比较,总结出相同和相异的地方,从相异的地方入手,确立自己品牌的核心价值。因为其是第二选择的品牌,这样很容易形成自己的客户群。如若领导品牌出现什么问题,第二品牌就可以乘势而上,取而代之。

（四）对立定位法

对立定位法同关联定位法不同,它是站在竞争对手的对立面,借助强势品牌来定位。前提是,虽然消费者心中已经有了比较明显的首选品牌,但是仍然希望新品牌为其提供利益。

对立定位法的关键是一定要找好对立的关键点,这个关键点也就是强势品牌的战略性缺点,让竞争对手无法还手,从这里出发定位自己的品牌。

（五）切割定位法

如果领导者品牌在品类、消费者或者市场上面没有做到充分细分的话,后面的跟随企业可以盯准这个缝隙,迅速地将细分的单元放大,以此来定位自己的品牌。

四、品牌核心价值的提炼

（一）有鲜明的个性

就像独特的人会给人留下深刻的印象一样,个性越鲜明的品牌核心价值越能吸引人们的眼球,深入人们的内心。例如,可口可乐的"你每饮一杯可口可乐就增加一份热情"、百事可乐的"新一代的选择"、Lee 牛仔裤的"体贴的、贴身的"、沃尔沃的"安全"、奔驰的"做工精细"、SK-II 的"高雅贵族"气息等品牌核心价值无不个性鲜明,栩栩如生,让人印象深刻。

（二）能触动消费者的内心

品牌核心价值只有贴近消费者的内心,才能拨动消费者的心弦,使其喜爱上该品牌。所以,品牌理念与核心价值观的建立一定要符合消费者的内心追求,揣摩消费者的心理活动,弄明白消费者需要的是什么,拥有什么样的爱好和观念。

（三）有包容性

品牌核心价值还应具有包容性。包容性体现在空间和时间两个方面。在空间上,品牌的核心价值应包容企业的所有产品,并且为日后企业的跨行业发展留下充分的空间。例如:海尔的"科技领先、人性化与个性化的功能"适用于旗下大多数电器;在时间上,品牌核心价值应能长久延续。例如,海飞丝的"去头屑"功能,自海飞丝品牌诞生以来就从未变过。

以情感和自我表现利益为主要内容的核心价值往往有很强的包容性。例如,海尔的核心价值是"真诚",能涵盖所有电器,因为任何电器的购买者都希望产品使用方便、技术先进、服务精良,而这正是一个真诚的品牌所应做的。

五、品牌价值重组

品牌价值的重组可以说是品牌价值的创新。企业可以通过一定的策略,将成本控制在一定范围内,不断地对这个品牌的产品进行改变。用新的产品重新凝汇品牌的新价值,用新的品牌价值去满足消费者更高的利益要求。这种重组是在原有的产品或服务的基础之上,改变品牌的价值属性,拓宽品牌的广度,挖掘品牌的深度,使品牌向更加广阔的领域延伸。企业在进行价值重组的时候要以客户的需求和利益为出发点,在原有产品价值和品牌价值的基础上进行重组,企业可以从以下几个方面入手。

（一）对品牌价值元素进行分类评价

品牌价值包含多种元素,如形象、功能、价格、品质、服务等,对品牌进行笼统的评价只能得出大致的品牌竞争力的大小,而进行品牌重组,则需要企业重新界定品牌竞争力的具体来源。

（二）根据客户群需求对品牌价值元素进行排序

客户对于不同行业的不同产品,都有着差异化需求。对某些产品客户会关注其性价比,使用上的安全便利等,而对另一些产品则可能更关注其知名度。所以企业应当明确自己的关键客户群对品牌的关注点和期待,并以此对品牌价值元素的重要程度进行排序。

（三）对关键价值元素进行深入分析研究

在对品牌价值元素重要度进行排序后,接下来应对最关键价值元素进行深入的分析研究,特别是要明确关键价值元素的现状与客户群期待之间的差异,以此来确定品牌整体价值调整的方向。

（四）同竞争品牌进行关键价值元素比较

我们很难简单地判定品牌关键价值元素是优是劣,所以需要寻找一个参照物,而竞争品牌就是最好的参照物。通过与表现优异的竞争品牌的关键价值元素进行比较,可以找出品牌当前的优势和劣势,从而做出有针对性的调整。

（五）围绕核心价值元素进行品牌价值重组

在完成对品牌价值元素的分类、排序、分析之后,就要对品牌核心价值元素进行调整或重新定位,然后围绕新的核心价值元素对其他价值元素进行相应的取舍、调整和组合,进而完成整个品牌的价值重组。

六、品牌核心价值的维护

品牌的核心价值是企业愿景和使命的体系,是在长期的产品经营中逐渐完善、调整并最终成型的,因此一旦确立就很难改变。尤其是对于那些深入人心的品牌,如果没能坚持品牌核心价值,或是对品牌核心价值随意调整,很容易引发消费者的反感,使客户群远离品牌。这就要求企业经营者不仅要树立起品牌核心价值,还要在品牌成功定位后矢志不渝地去坚持,将其贯彻到企业经营的方方面面中去,这样才能使品牌长盛不衰。具体来说,品牌核心价值维护要做好以下三个方面的工作。

(一)始终坚持品牌战略的科学性和时代感

品牌战略是企业战略的一部分,它不是由经营者个人主观臆测和想象建立的,而是企业使命、文化、能力的浓缩。如果企业当前的技术能力不够过硬,还将品牌定位在"用科技引领未来",那么显然是难乎其难,只会落得贻笑大方的下场。所以,在企业的任何一个发展阶段,品牌战略都要立足于企业的优势,当前的使命,否则不可能赢得消费者的认同。

品牌核心价值需要坚持,但不代表就要一成不变,特别是对于一些长寿企业,随着市场环境的变化、科技的发展进步、行业生产消费模式的颠覆等,都有可能需要企业做出有针对性的品牌战略调整。唯有去适应时代特征,才能使品牌核心价值与时俱进,满足消费者的思维模式和消费习惯。

(二)营销活动必须以品牌核心价值为基点

品牌的核心价值是品牌营销活动的出发点。企业要为品牌量身定做每一个营销活动,从产品的价格、渠道、促销上都要体现品牌所要诠释的核心价值。

一个品牌的核心价值具有强大的包容性,它可以包容这个品牌下所有的产品。因此,企业要让每一个产品都能向消费者透露出它想要表现的核心价值。比如,宝马的核心价值是"驾驶的乐趣",不管它出了多少辆宝马,始终围绕"驾驶的乐趣"展开,而不能变成劳斯莱斯的"皇家贵族的坐骑"这一核心价值。

同一品牌的所有产品都要体现品牌的核心价值,这会让消费者更好地认识品牌。如果一个品牌今天是这个核心价值,明天是那个核心价值,则会容易被大众遗忘。

(三)同消费者深度互动传递品牌核心价值

品牌核心价值是品牌差异化定位的关键所在,是同竞争品牌区分开来的显著特征,因此一个强大的品牌核心价值更容易得到消费者的认同和支持。而消费者的认同和支持,正是支持品牌长存的关键力量。

要达成深入人心的品牌核心价值传递,就不能仅仅局限在表面化的产品和理念宣传上,而是要通过与消费者的深度互动来完成。比如,某食品品牌的核心价值是健康,那么除在宣传产品的安全可靠外,还可以适时推送一些健康的饮食知识、专家营养讲座等,这远比单纯的产品宣传更能为消费者留下深刻的品牌印象,也能因此让品牌获取更大范围、更深层次的支持,保持坚韧的品牌生命力。

对于企业经营者而言,不仅要认识到维护品牌核心价值的重要性,还要了解如何才能有效地维护品牌核心价值,并在企业经营和营销过程中加以体现实现,让整个品牌茁壮成长。

第四节　互联网时代的组织变革

有人把组织比喻成汽车的挡位,油门加得再大,如果不换挡,也很难把速度提起来。在互联网时代,组织的这个"挡位"变换表现在如下几个方面。

一、个体的自我管理和驱动

以前传统组织是正三角金字塔管理模式,基层员工在最下面,中层逐级往上。而金字塔塔顶是决策中心,虽然大家说要以客户为中心,而实际上在具体的经营中却是以企业自身为中心的。层层上报、层层下达的模式已经完全不能满足客户的需求和解决客户的问题。

互联网之所以对传统行业造成了颠覆性作用是因为互联网不仅仅是口号,更是一种颠覆性的思维和基因,将其运用到企业的战略、产品、运营、文化、激励和组织中,提升了企业经营的效率和扩大了经营边界。这就让大家加强自我管理和驱动,形成强大的力量,共同将企业做大。

未来的组织是倒三角形式。公司的各层级都围绕着客户,为客户解决问题和创造价值服务。从本质上解决问题,就要靠自我驱动才能保持持续的高效,而不是靠短期的考核和激励。

二、个体都对公司整体利益负责

传统组织中,人人只为自己的利益负责,公司的整体利益在哪里,没人管。这也非常好理解,做好自己的事情足够了,因为考核主要内容就是这些;如果做其他的事情,出了问题,反而令自己处于被动的局面。

互联网时代的组织是人人为了达成目标而来,每个组织的目标非常清楚,自己为自己的目标负责。

三、对事不对人

互联网时代是"对事不对人",每个人只是对项目和方案的推进和完成负责。有好的想法,可以直接提出和表达,如果有新的、优秀的创意,公司甚至可以支持在公司内部创业。

当很多优秀的创意具体化后,企业可以分割出来一个个小组织,每个小组织独立核算,独立经营,企业的团队、经营和效率就可以得到全面的激发。

第五节　互联网时代的品牌管理

品牌不仅仅是一个名字或者符号,品牌是跟消费者建立的联系,也是对消费者的一种承诺。互联网时代,品牌的作用也愈发明显,如现在某手机品牌公司依然是世界上价值最高的企业。电商、微商不是不需要品牌,而是需要快速建立和维护品牌。互联网时代品牌的建立、成长、成熟、衰退的周期都在缩短,因此,如何进行品牌管理就显得十分重要。

一、互联网时代的品牌架构

传统的品牌架构主要有四种类型：第一种是单一品牌模式，所有产品使用同一个品牌，如福特、通用电气。第二种是主副品牌模式，以主品牌为中心，副品牌为辅助，突出不同产品的特性，满足消费者的不同需求，如海尔、丰田。第三种是母子品牌模式，突出子品牌，母品牌作为品牌背书，典型的如宝洁公司。第四种是复合品牌模式，集团品牌和产品品牌之间采用多重组合形式，如青岛啤酒在同一品类下针对不同目标市场采用了多种组合形式。高端市场用主品牌青岛啤酒，中端市场用第二品牌（山水、崂山、汉斯等），低端市场、区域市场直接用独立的品牌，如五星。但在互联网时代，品牌架构发生了很大的变化，基本采用单一品牌，聚焦做爆品和大单品的战略，典型的如小米。

二、互联网时代的品牌建立

互联网时代的品牌建立，跟过去的品牌建设有着很大的区别，尽管品牌都是消费者或者用户所拥有的，但打造品牌的方式和工具在变化。

一是对品牌资产的认识发生了变化。口碑成为品牌塑造的核心，由口碑到知名度的路径，跟之前的品牌传播有本质的不同。也就是说，以前是由外而内的品牌塑造，现在是由内而外的品牌传播，讲究的是口碑，而非一上来就要打造广泛的知名度。

二是品牌工具发生了变化。以前是"央视＋明星代言＋招商"的方式，借助中央媒体的中心化效应，短期实现渠道和终端对产品的接受。表面看是拉动品牌，实际上还是推动渠道和终端，借此来影响消费者购买。现在基本上是倒过来了，一切针对用户的痛点和为满足客户的需求，并超出客户的期望，制造口碑，借助互联网和移动渠道的接触点，实现零距离沟通和销售的长尾效应。

三是产品即品牌。由一款极致的满足用户需求和痛点的产品开始，用良好的体验塑造口碑，形成更大的关注，这时，一款产品就是一个品牌，甚至是一家企业。

四是推广即销售。微商、微店、众筹并不是用来炒作的,而是一个推广兼销售的渠道。为消费品、化妆品、服装等小企业和创业型的企业提供了最佳推广和销售路径。

三、互联网时代的品牌体验管理

互联网时代,品牌是一种综合的体验,要使线上、线下形成闭环,实现品牌营销目标必然要符合以下几点要求。

一是完美终端——产品要"有用"。有用就是功能出色,你给我一部手机,它的功能好我才会用它。

二是价值群落——产品要"有爱"。罗永浩用反对主流的方式生存,粉丝们用购买来为这种非主流的价值观点赞,他们说:"你只负责认真,我们帮你赢!"

三是云端服务——产品一定要"有趣"。云端是资源的集合,通过终端释放无限的功能,产品就能有趣。

由这三种产品体验,可得到七种商业模式:终端、群落、云端、终端 + 群落、终端 + 云端、群落 + 云端、终端 + 群落 + 云端。其中,后四种就是具有互联网思维的商业模式了。

四、互联网时代的品牌管理创新

企业品牌管理创新可以从产品创新、技术创新和品牌管理体系创新三个维度切入。

(一)产品创新

企业主要是通过自身产品或服务实现与消费者的连接交互,产品或服务质量直接影响消费者对品牌的整体感受与认知。因此,能否提供符合消费者需求的优质产品和服务,成为企业生存发展的关键一环。在互联网时代,企业必须有效收集消费者的各项数据信息,实现目标受众的精准画像,进而通过有针对性的产品创新充分满足消费者的需求。

互联网商业生态的发展成熟,吸引了越来越多的消费者从线下实体消费转到电商消费。这种消费形态的变化使企业获取客户的各项消费数据信息成为可能,如商品的浏览信息、搜索信息等。

收集海量消费数据后,企业可以挖掘这些数据背后隐含的目标受众的消费习惯、消费偏好、需求变化等信息,实现对消费者的精准画像,然后据此有针对性地进行整个产品体系的调整优化,减少市场反响不好的产品,增加消费者青睐的产品和服务,从而围绕消费者需求实现产品乃至整个品牌的体系创新。

简单来看,以产品创新推动品牌管理创新,就是通过对海量消费数据的分析精准定位消费者需求,然后围绕消费者需求对产品布局进行持续优化,以充分满足消费者不断变化的多元化、个性化的产品诉求,提高消费者的品牌认同感、信任感和忠诚度。

（二）技术创新

除不断优化产品布局外,利用技术创新构建竞争优势也是企业品牌管理创新的有效路径。在互联网时代,一方面是技术创新变革的速度不断加快,另一方面是技术的模仿学习门槛不断降低。这使企业除进行自主技术创新外,还可以通过关注、学习其他企业在技术方面的变革实现技术创新,或引进更先进的技术设备等实现自身产品技术体系的优化创新。

技术体系的变革升级会产生大量数据,对这些数据的合理、有效分析有助于提高技术创新的效率,建立更符合企业产品运营和品牌管理需求的技术体系。这些数据的分析处理同样需要企业变革以往的数据资产管理与分析模式,积极学习并引进数据分析软件工具和管理系统,以满足对复杂、多样、海量的数据信息的分析处理需求。

（三）品牌管理体系创新

在以消费者为中心的互联网商业时代,成功的品牌管理体系应该能够实现品牌与消费者的高效精准对接,让消费者参与品牌形象的塑造和管理过程,通过与消费者共建品牌提升品牌的影响力、号召力与顾客忠诚度。这就要求企业突破传统品牌管理框架的束缚,积极学习并引进更加符合企业需求的先进的品牌管理理念与模式,推动品牌管理体系创新。

品牌管理的操作实践是依靠具体的人员完成的,因此企业还要注重对品牌管理相关人员的培训,深化他们对品牌管理的认知、理解,提升他们的品牌管理能力与水平,并将品牌管理合理融入企业生产经营的过程。

同时,企业还要明确消费者的品牌认知与期待,进而围绕企业和消费者需求确定品牌管理目标,制定品牌发展战略与规划。此外,品牌管理还应注重品牌形象与企业形象的协同,通过积极参与各种社会事务在消费者心中形成良好的品牌形象。

在互联网时代,瞬息万变的市场环境和日益复杂激烈的竞争环境,对企业的信息获取、整合、分析、处理能力提出了更高要求。面对规模巨大、样式多样、关联性和逻辑性稍差的各类数据信息,企业必须利用信息技术实现对消费者的精准画像,及时、全面地获取市场和竞争的变化情况,进而有针对性地优化调整自身的产品体系和品牌体系,有效完成复杂多变的市场和竞争环境下的品牌管理,增强品牌生命力和竞争力,实现企业的可持续发展。

第八章　互联网时代品牌文化塑造

第一节　品牌文化的概念

一、品牌文化的内涵

文化是在人类社会发展的过程中不断积累并创造出的能够影响人们的精神和物质的总和。狭义的文化是指在人们的意识形态下所创造出来的精神财富,包括人的思想价值、风俗习惯、宗教信仰、学术思想、文学艺术、科学技术等。文化是一个非常广泛的概念,给它下一个严格的定义是一件非常困难的事情。

无论对于文化的本质如何表述,构成文化内涵的要素都必须包括以下几个方面的内容。

第一,精神要素,即精神文化。精神文化是人类最具有活力的部分,主要是指哲学和其他具体的学科、宗教、艺术、伦理等的价值观念,价值观念是精神文化的核心,是最为重要的,也是人类创造活动的动力。

第二,语言和符号。语言是人类在生活交往中,是进行沟通交流的表达方式,符号也是人们交往沟通的表达属性,两者都具有传播和沟通的作用。语言和符号是人类文化长久积淀下来的成果,只有通过语言和符号才能互动和沟通,才能创造文化。

第三,规范体系。规范是人们的行为准则,是由各种条例所规定的,来规范人们的行为习惯。也有明文规定,如法律条文、组织之间的规章制度等。各种制度之间是相互关联、相互制约和相互渗透互补的,共同发展来调整社会。

第四,社会关系和社会组织。社会关系是各种文化之间共同产生的基础,生产关系是各种社会关系的基础。在生产关系的基础上,又产生各种各样的社会关系。这些社会关系既是文化的一部分,又是创造文化的基础。

二、品牌文化的界定

(一)品牌文化的提出

随着消费社会的形成和日益繁荣,大众的消费行为本身已经具有越来越显著的意识形态的色彩。在消费社会里,消费者作为一个社会人,品牌商品的抽象的文化象征意义正日益深刻地影响着其具体的消费行为。塑造品牌文化的过程,就是将一个没有生命的商品化为有生命和有思想的品牌的过程。据此,本书对品牌文化的界定是:企业在其所开展的长期的营销活动中,逐渐累积和形成的有别于竞争对手并为越来越多的目标消费者所认可的价值观念、利益认知和情感属性等意识形态的抽象概念,以及由其可识别的名称、标志、色彩和设计等具象符号的总和。

(二)品牌文化的核心

品牌文化的核心实际上就是企业通过品牌向目标消费者所传播的价值观,包括生活态度、审美情趣、个性修养、时尚品位、情感诉求等意识形态领域里的精神属性。对品牌的选择和忠诚不是建立在直接的产品利益上,而是建立在品牌深刻的文化内涵和精神内涵上,维系他们与品牌长期联系的是独特的品牌形象和情感因素。

(三)品牌文化与企业文化

品牌文化的核心要素大都源自企业文化,因此,塑造品牌文化就必须首先建立和完善企业文化。如果一个商品的广告主没有建立和形成自身所独有的深厚的企业文化,也就不可能塑造出具有丰富内涵的品牌文化。

企业文化的建立和形成,有利于提升商品的品牌形象,也有利于提高企业内部员工之间的凝聚力和向心力,还有利于增强企业员工自我实现的成就感,进而可以推动品牌文化的建立、形成、巩固和发展。品牌文化的内涵一方面源自企业文化,另一方面则要源自消费文化,这就使品牌文化的内涵更多地体现为消费者的价值观。

三、品牌文化的特征

品牌是一个具有文化属性的概念。品牌的物质基础是产品,其精神力量是企业文化。品牌文化作为企业文化在品牌中的集中体现,既受到企业文化的制约,又能从企业文化中获得有力的支持。但是,两者的本质有着明显的区别:企业文化的内部凝聚作用更为明显,而品牌文化的外向沟通与扩张作用更为显著,品牌文化将企业的品牌理念有效地传递给消费者。不能将品牌文化简单地等同于企业文化,品牌文化的独特性在于品牌本身所具有的强大营销动力和市场价值带来的文化共融。品牌文化具有以下特征。

(一)系统性

品牌文化寻求和体现的是一种整体优势,它把品牌的经营目标、经营理念、道德规范和行为方式等因素融合成一个有机整体,形成一种文化力量,对品牌运作产生综合作用。品牌文化由相互作用、相辅相成的多层次的品牌子文化结合而成。构成这个整体的各要素既有相对独立性,又要有轻重主次之分,它们按照一定的结构排列组合,体现严密有序的系统性。

(二)差异性

现今的消费者喜欢独特、个性化的产品。产品在造型设计和营销模式上的差异只是外在表现形式,而文化价值理念上的差异才是深层次的差异,更加符合消费者的心理诉求。文化的多元性反映在品牌中就是品牌文化的差异性和多样性。品牌文化的差异主要体现在两个方面:一是企业所拥有的不同品牌之间的文化差异;二是不同企业之间的品牌文化差异。

(三)层次性

根据市场细分原理,企业很难满足所有消费者的需求。因此,品牌倡导的价值主张有多个层次,以满足不同的消费群体。品牌文化的高层次价值主张满足消费者的情感需求、自我实现需求等;品牌文化的低层次价值主张满足消费者对品牌产品质量、功能和服务等需求。

（四）民族性

每个民族都有自己独特的文化个性,有特定的心理性格、风俗习惯、道德风尚、宗教信仰、价值观念和行为方式。正如可口可乐文化不可能产生于中国一样,五粮液文化也不可能形成于美国。这种文化个性反映在品牌文化上就是品牌文化的民族性。民族文化是品牌文化的根基,任何品牌文化都被深深地打上了本民族文化的烙印。任何品牌的创建和运作都是在一定的时空条件下进行的,总要受到一定的政治、经济和社会环境的制约。企业的品牌文化建立在特定的社会价值标准之上,与经济社会的总体文化趋势相一致,这体现了品牌文化发展的社会趋同性。当然,企业建立在新产品基础上的经营理念,往往会促进新的社会文化的形成,影响着社会文化的发展。

（五）相对稳定性

品牌文化一旦形成,便会以稳定的形态长期存在,对各项经营活动产生潜移默化的指导作用,不会因个别因素的变化而发生彻底改变。例如,有的企业已经倒闭,但其品牌文化还会继续存留一段时间。然而,品牌文化的稳定性是相对的而不是绝对的。积极的品牌文化能够对品牌的发展产生持续的正面作用。但是,没有一成不变、一劳永逸的品牌文化,当品牌文化无法促进品牌的发展时,就要对它进行改革。品牌文化在形成与发展的过程中,应当随着人们的消费理念、消费习惯和消费模式的变化而改变,适应社会环境的需要,不断以新观念、新知识、新管理和新技术加以完善。

四、品牌文化的作用

现代营销学之父科特勒曾说:"品牌最持久的吸引力来自品牌所包含的文化,这是知名品牌之所以深入人心的魅力所在。"具有良好文化底蕴的品牌,能够给人带来心灵慰藉和精神享受。品牌文化一旦形成,就会对品牌的经营管理产生巨大作用。品牌文化是品牌附加值的源泉,是品牌保持竞争优势的原动力,它有助于增强企业凝聚力,实现品牌个性差异化,建立消费者的忠诚。一流企业都十分重视品牌文化的建设。

(一)品牌文化是品牌价值的源泉

强势品牌之所以能够享受价格溢价带来的丰富利润,是因为品牌价值使得消费者愿意付出额外代价。品牌文化是品牌价值和情感的自然流露,代表了人们的生活方式和价值观念,是物质和精神的高度统一,是品牌最核心的 DNA。品牌价值取决于消费者的购买意向和购买行为,如果没有消费者的认同和接受,品牌即使有完美的设计、构想和期望,也是没有价值的。在品牌文化的指导下,企业的营销努力能对消费者的心理和行为产生一定的影响,品牌的文化内涵可以强化或改变消费态度,影响消费者的品牌选择,从而提高品牌价值。因此,企业在培育品牌时,需要重视品牌文化的建设,传播品牌文化的精髓,以提高品牌的价值。

(二)品牌文化是品牌保持竞争优势的原动力

产品的价格、质量、服务和信誉等方面构成了品牌竞争力的基本要素。随着市场竞争的日趋激烈,企业在这些基本要素方面已经日趋相同,难以建立起品牌忠诚度,形成稳定的市场占有率。低价格能提高知名度,但不能提高美誉度;高质量能提高美誉度,但不一定带来忠诚度。产品质量分为技术质量和认知质量。技术质量指产品设计过程中应遵循的技术标准;认知质量也称消费者认知质量,是指消费者对产品功能特性及其适用性的心理反应和主观评价。技术质量作为一种科学性的可辨识的标准,具有客观性,而认知质量是消费者对产品技术质量的主观反应。只有被消费者感知到的质量才能转化为品牌的竞争力。然而,在市场营销实践中,很多企业只看重技术质量而忽视认知质量,导致产品失去竞争优势。品牌文化所代表的功能和利益一旦得到消费者的认可,便会与消费者认同的价值产生共鸣,从而将无形的文化价值转化为品牌价值,把文化财富转化成品牌的竞争优势,使产品在激烈的市场竞争中保持强大的生命力。

而且,消费者如果认同某种品牌文化,往往不会轻易改变。这就意味着,品牌文化不仅能够带来价格溢价,还为品牌设置了较高的市场壁垒,提供了竞争品牌难以模仿的竞争优势。

(三)品牌文化是增强企业凝聚力的重要保障

管理学大师彼得·圣吉在《第五项修炼》中指出,一个缺少共有目标、价值观和使命的组织,必定难成大器。优秀的品牌文化,可以把企业价值观和追求目标等渗透到生产经营中,激发全体员工的荣誉感、责任心和创造力,使员工有明确的价值观、理想追求和共同认知。这样可以加强员工之间的交流,增加他们之间的互信,使企业内部各项活动更加协调,从而增强企业的凝聚力。可口可乐公司以"动感、激情、富有个性"的品牌文化著称,其企业文化也离不开员工的激情和创新。红塔集团的品牌口号由"天外有天、红塔集团"改为"山高人为峰",与企业文化中折射的人文气息相一致,并丰富了企业文化的内涵。品牌文化还具有辐射作用,能吸引外部大量的优秀人才,为实现自身价值而加入企业团队中来,从而推动企业品牌的发展和壮大。

(四)品牌文化是实现品牌个性差异化的有效途径

营销大师科特勒一针见血地指出:"面对竞争激烈的市场,一个公司必须努力寻求能使它的产品产生差异化的特定方法,以赢得竞争优势。"麦肯锡公司的研究结果表明,可口可乐、迪士尼、奔驰等强势品牌与一般品牌的重要区别不是与众不同的产品,持之以恒的优良品质,而是其中的文化因素。品牌因文化而独具个性,有个性的品牌才会有竞争力。个性越鲜明,竞争力越强,在消费者心中留下的印象就越深刻。例如,奔驰"自负、富有、世故",柯达"淳朴、顾家、诚恳",锐步"野性、户外、冒险",百事可乐"年轻、活泼、刺激"等。企业的产品和服务通过这些生动鲜明的品牌文化展现出与竞争对手之间的差异,增进消费者对品牌的好感度,从而提升品牌附加值。

（五）品牌文化是建立品牌忠诚的基础

品牌忠诚是维系品牌与消费者关系的重要手段。品牌在创建过程中的巨大投资使消费者相信,越是强势品牌,其产品质量与服务的承诺就越可靠。卓越的品牌文化能够使消费者借助品牌表达自己的社会角色并得到心理满足。当消费者使用这些品牌时,他们不仅获得了品牌价值,还从中得到文化与情感的渲染,进而建立起对该品牌的信任。一旦消费者对某种品牌文化形成心理认同,就会强化其对该品牌产品或服务的消费偏好。这种持续的品牌文化刺激不仅能使消费者形成消费行为定式,成为该品牌产品或服务的忠诚顾客,还能通过其消费行为产生示范效应,吸引其他消费者,扩大该产品或服务的消费群体,间接推动企业的发展。因此,品牌文化的本质是建立与有效的消费者品牌关系,与消费者进行品牌对话,让消费者真正参与到品牌建设中来,让消费者体验品牌、理解品牌、接受品牌,进而钟爱品牌。

第二节　品牌文化的构成

品牌文化是在品牌创建和培育过程中不断发展而积淀起来的。品牌文化系统由品牌精神文化、品牌行为文化和品牌物质文化三部分组成。精神文化是价值观和文化心理,属于核心文化;行为文化是一种活动,处在浅层;物质文化,最为具体实在,属于表层文化。精神文化是核心,决定着行为文化和物质文化的发展方向;行为文化是物质文化和精神文化的动态反应;物质文化是精神文化和行为文化的基础和外化。各层次之间相互影响、互相渗透,形成了品牌文化由表层至深层的有序结构。

一、品牌精神文化

正如所有的文化是建立在其自身哲学理念的基础之上一样,品牌文化也是建立在该品牌哲学理念的基础之上的。品牌精神文化是在品牌长期经营过程中,受社会经济和意识形态影响而形成的文化观念和精神成果,是企业管理品牌的指导思想和方法论。品牌精神文化是品牌文化的核心,也是品牌的灵魂,它决定品牌的形象和态度,是品牌营销行为的信念和准则。品牌精神文化对内具有调节和指导品牌运作、优化资源配置和促使品牌健康发展的驱动力;对外具有丰富品牌联想、提升品牌形象和激发消费者购买欲望的扩张力。缺乏精神文化的品牌不能称为品牌,也难以有广阔的市场前景。在市场竞争日趋激烈的今天,赋予各类组织、系统或产品以精神内涵,使之实现差异化、个性化,是提升品牌竞争力的根本保障。品牌精神文化主要包括以下几个方面。

(一)品牌价值观

品牌价值观指品牌在追求经营成果的过程中所推崇的基本信念和目标,是品牌经营者一致赞同的关于品牌意义的解读。品牌价值观是企业价值观的深化,是企业价值观的市场化体现,反映了品牌的精神和承诺。品牌价值观对内为员工提供坚定的精神支柱,给员工以神圣感和使命感;对外决定品牌的个性和形象,驱动品牌关系的健康发展,影响消费者品牌关系的建立和品牌忠诚度的产生。可口可乐"欢乐自由",戴比尔斯钻石"钻石恒久远,一颗永流传",555香烟"绅士的风度"等,都展示了品牌的基本性格和经营宗旨,构成品牌的根本信念和发展导向,影响员工的共同愿景和行为规范。

(二)品牌伦理道德

品牌伦理道德是品牌营销活动中应遵循的行为和道德规范,如诚信经营、公平竞争、符合社会期望、履行社会责任和服务消费者等。品牌伦理道德作为一种内在规定,是品牌宝贵的道德资本,具有教育、激励、协调、监督和评价等功能。在一些法治建设相对落后的国家或地区,品牌伦理道德还处于萌芽阶段,比较模糊,还没有被广泛接受。我国的品牌经营目前处于品牌伦理道德建设的初级阶段,引导并强化品牌伦理道德观的工作刻不容缓。结合我国民族文化格局和当前经济形势,企业在品牌运作中应倡导并遵守"诚实守信,肩负责任,维护公平、公正、公开"的伦理道德观。

（三）品牌情感

品牌情感可以理解成掌握目标消费者情绪的一种品牌承诺,并远远超过他们的一般期望。品牌承诺代表着品牌所追求的忠诚,因此品牌情感是品牌忠诚的构成元素。品牌具有情感,可以加深消费者对品牌的认知,丰富消费者的体验,强化品牌形象。传递品牌情感的广告随处可见。例如,三九胃泰在宣传疗效不凡的同时,没有忘记塑造"悠悠寸草心,报得三春晖"的感人形象;果珍饮品不仅是"富含维生素的太空时代饮品",还蕴含着"冬天喝果珍,一家人暖在心头"的温馨联想;养生堂龟鳖丸不仅是"100％纯正、功效卓著的保健品",还是"献给父母的爱";南方黑芝麻糊"一般浓香、一缕温暖"等。这些广告都以情暖人心、温馨备至的情感诉求来感染消费者,赢得消费者的品牌忠诚。

（四）品牌个性

品牌个性是有关品牌的人格特质的组合。品牌个性是生产者和消费者在相互交流中共同赋予产品的,并不是产品本身内在的。品牌个性能通过人、物、图景或产品角色的承载,使消费者产生许多联想。奥美广告创始人奥威格在其品牌形象论中指出,"最终决定品牌市场地位的是品牌总体上的性格,而不是产品之间微不足道的差异"。美国整合营销专家唐·舒尔茨认为,"品牌个性是给品牌的生命与灵魂,能让消费者轻易地将它与竞争品牌区分开来,能给消费者一种既熟悉又亲密的朋友般感觉"。例如:哈雷·戴维森把"爱国"作为品牌的个性特点;雀巢在消费者心中注入了"慈爱、温馨、舒适和信任"的个性;舒肤佳建立起"关爱,以家庭为重"的品牌个性。品牌个性能够深深地感染消费者,这种感染力会随着时间的推移形成强大的品牌感召力,使消费者成为该品牌的忠实顾客。

（五）品牌制度

在品牌精神文化的指导下,企业形成了品牌制度。品牌制度指品牌营销活动中形成的,与品牌精神和品牌价值相适应的企业制度和组织结构。它是品牌文化中品牌与企业结合的部分,又称"中介文化"。品牌制度包括企业领导体制、组织结构、营销体制,以及与日常生产经营相关的管理制度等,品牌制度反映了企业的性质和管理水平。

二、品牌行为文化

每一种价值观都会产生一套明确的行为含义。品牌行为是品牌精神的落实,是品牌与消费者关系建立的核心过程,是企业经营作风、精神风貌和人际关系的动态表现,也是品牌精神和品牌价值观的折射。品牌行为文化主要包括以下几个方面。

(一)营销行为

营销行为是从文化层次研究营销活动,从文化高度确定市场营销的战略和策略,以增加品牌的竞争力,发挥文化在品牌营销过程中的软资源作用。品牌的营销行为文化既包含产品构思设计和包装广告,又包括对营销活动的价值评价、审美评价和道德评价。

(二)传播行为

从品牌文化的角度来看,品牌的营销行为既是在推广产品,又是在传播文化。品牌传播行为包括企业通过广告、公共关系、新闻和促销活动等传播品牌资讯。有效的传播行为有助于品牌知名度的提升和品牌形象的塑造。

(三)个人行为

品牌是多种身份角色的市场代言人。品牌个人行为不仅包括品牌形象代言人、企业家的个人行为,还包括员工和股东等相关人员的个人行为。他们的行为构成了品牌的个人行为,品牌个人行为又代表着他们的行为。

三、品牌物质文化

品牌文化的最外层是品牌物质文化,是包括品牌产品在内的物质文化要素。

尽管它处于品牌文化的最外层,却是消费者对品牌认知的主要的、直接的来源。品牌物质文化主要包括以下几个方面。

(一)产品文化

产品文化可以反映企业的价值观和理念,折射出一个国家和民族的文化传统。产品文化包括企业在长期生产经营中自然形成的价值取向、思维方式、道德水平、行为准则、规范意识和法律观念等,是品牌文化的一个重要组成部分。

(二)包装文化

包装是产品的一面旗帜,是产品价值的象征。产品包装蕴含着品牌个性,体现着品牌形象,规定着品牌定位。包装只有综合利用颜色、造型、材料等元素,突出产品与消费者的利益共同点,对消费者形成较为直观的冲击,表现出品牌和企业的内涵,才能有效吸引消费者的注意力,并塑造他们的品牌认知。例如,法国莱俪香水的包装瓶由著名设计师玛丽·克劳德·拉里克所设计,莱俪采用彩色水晶、玻璃制作,这些包装瓶充分体现了莱俪光亮、自然和阴柔等个性。女型莱俪香水,瓶身有花果图案,并附有龙涎香和香子兰的芳香,令人过目不忘。

(三)名称和标志文化

品牌名称作为品牌之魂,体现了品牌的个性。品牌名称是品牌中能够读出声音的部分,是品牌的核心要素,是形成品牌文化概念的基础。品牌名称不同于产品名称,它具有社会属性和人文属性,可以反映品牌的道德修养、文化水准和愿景,是经济领域的一种文化现象,是一笔宝贵的文化财富。品牌标志是品牌中可以被识别但不能用语言表达的部分,它通过一定的图案造型和色彩组合来展现品牌的个性形象和文化内涵,如童真的米老鼠、快乐的海尔兄弟、威风凛凛的狮子标志等。

第三节 品牌文化的塑造和培育

品牌文化的魅力是诱人的,但是品牌文化的塑造和培育是一个循序渐进的过程,它需要企业集合人力、物力和财力资源,以品牌的核心价值为主线,不断注入与品牌相符的文化元素,进行合理的整合、演绎和传播。

一、品牌文化的塑造

(一)品牌文化塑造的误区

我国企业进行品牌管理和品牌文化建设的时间较短,在理解和运用品牌文化相关知识方面尚不成熟,在品牌文化的塑造过程中难免存在一些误区。

1. 品牌文化建设表面化

现阶段我国企业在品牌开发时往往只注重品牌的经济价值,品牌文化的开发深度远远不够。品牌文化建设应该从一点一滴做起,从每一个细微之处着手,通过外在的、显性的符号来体现品牌内在的、隐性的含义,通过有效的传播手段向消费者传递品牌文化。如果把品牌文化建设简单地理解为视觉识别设计,仅仅规范企业的标志物、标准色和标准字体,缺少品牌理念和文化价值的支持,只会导致品牌文化建设流于形式,有形而无神,成为无本之木。

2. 品牌文化建设的手段单一

一些企业将品牌文化建设片面地理解为提高品牌知名度,在媒体上大量的投放广告,将广告作为品牌塑造的单一工具。广告宣传固然是品牌文化传播的重要手段,但不是唯一手段。市场上标王争夺战、价格战、明星战之所以此起彼伏,就是因为这些广告只能达到短期效果,难以在消费者心中树立鲜明、持久的品牌文化。

3. 品牌文化缺乏个性

目前,我国很多企业塑造的品牌缺乏个性,往往人云亦云,千篇一律。在产品属性差异较小的情况下,品牌文化是实现品牌个性差异化的有效途径。企业应该从品牌的性质出发,根据品牌的发展历程和品牌所处行业的竞争现状来塑造品牌文化,而不是简单地模仿和抄袭。

4. 品牌文化脱离本土化

文化对人们的思维方式和生活方式具有深远的影响。人们生活在特定的文化背景中,消费偏好和消费行为必然受到特定文化背景的影响。因此,将优秀的民族传统文化融入品牌文化,更加容易让消费者产生共鸣,这是提高品牌持久生命力和市场竞争力的有效方式。

5. 品牌文化内涵老化

品牌营销大师卡普费雷尔认为,品牌老化有两层含义:一是指品牌缓慢地退化;二是指品牌所反映的消费者形象也在逐渐衰退。据相关资料显示,目前我国市场上共有"中华老字号"2 000余家,分布在全国各地,然而如今仍能正常营业的不到30%。品牌如果固守旧形象、缺乏创新,不能主动地适应市场变动和消费者需求变化,那么将不可避免地老化,最终被市场淘汰。品牌文化的维护如逆水行舟,不进则退。企业应随时补充,及时调整其文化内涵,避免在竞争中被淘汰。

(二)品牌文化塑造的步骤

根据品牌文化的形成机制及成功品牌的经验,企业可以通过以下环节塑造品牌文化。

1. 品牌文化的设计

企业应根据品牌定位筛选与品牌定位相关的文化因素,包括企业名称、企业形象识别系统、商品名称、企业家及员工代表等。在收集和整合企业的各种文化资源之后,根据品牌战略定位对各种文化因素进行提炼,确定品牌的价值体系。例如,通用电气的"进步乃是我们最重要的产品",杜邦的"通过化学使美好的生活变得更加美好",海尔的"追求卓越,敬业报国"等品牌价值。当然,品牌也可以随着企业的壮大不断完善品牌文化的表述。例如,惠普公司最初的价值观是"企业发展资金以自筹为主,提倡改革与创新,强调集体协作精神",此后在多年的市场经营中进行了多次演变,最后凝练为著名的"惠普之道",这样一来,惠普公司品牌文化的表述就更加丰富饱满了。

企业应该在品牌核心价值观的基础上,延伸形成完整的价值体系。品牌价值体系的建立可以围绕以下几个方面展开。

(1)企业的核心竞争力

这种品牌价值体系常见于技术型等知识含量高的品牌中,它们由于技术的领先,成熟而具有较明显的、持续的、相对的或绝对的竞争优势,其价值体系以体现并保持这种优势为主要内容。例如,海信的"创新科技,立信百年"等。

(2)企业的社会责任

在消费品品牌中,企业往往可以通过强调自身的社会责任来表现关爱人类的生活质量。例如,TCL 的"为顾客创造价值",立邦漆的"处处放光彩"等。

(3)消费者的满意度

企业的价值体系还可以围绕消费者的满意度来建立,划分主要消费群体,衡量消费者价值,评估并提升消费者关系。例如,家乐福以"开心购物"赢得全球29 个国家的顾客忠诚,宝马以"驾驶的乐趣"、沃尔沃以"安全驾驶"的品牌价值观开拓了全球市场。我国也有大量品牌持有类似价值观,例如,海尔以"真诚到永远"成为家电业名副其实的龙头老大,娃哈哈以"健康下一代"为价值主张称雄儿童饮料市场。

2. 品牌文化的传播

企业要塑造一种独具个性的品牌文化,就需要通过多元传播渠道向消费者表达个性诉求,在他们心中植入有分量的、有亲和力的品牌文化。品牌文化的传播包括内部传播和外部传播。

(1)品牌文化的内部传播

品牌文化的内部传播十分重要,它既具有辅助品牌文化形成和确立的功能,又兼有使品牌文化得以继承和发扬的功能。事实上,品牌文化的形成、发展和积累,都与品牌文化的内部传播有着密切的关系。品牌文化的内部传播可以通过高层管理者身体力行起示范作用,树立典范发挥模范带头作用,健全组织机制等途径来实现。品牌文化的内部传播实际上就是企业品牌文化培育的过程,本节将在下文做具体论述。

（2）品牌文化的外部传播

品牌文化的外部传播主要通过各种媒体,围绕品牌文化核心进行传播。在品牌文化的传播过程中,广告是最直接、最有效也是运用最广泛的手段。广告本质上是一种文化现象,它像一只无形的手,深深地影响着消费者的消费意识和审美心理。通过广告,品牌文化得以具体化、外在化、形象化、延伸化地表达与呈现。消费者认同了广告为他们设计的文化感受,也就会迅速地与品牌文化产生共鸣。许多强势品牌都十分注重强化广告的文化内涵,通过具有创意的设计,使广告富有高雅情趣和无穷魅力。广为传颂的广告语,可以表达出一个品牌的主张、理想与文化内涵,甚至可以成为一个时期的精神标志和文化象征。

企业作为社会组织,为了树立良好的组织形象,改善与社会公众的关系而实施的传播与沟通活动,在社会生活中发挥着日益重要的作用。在准确把握目标消费者文化心理诉求的基础上,借助具有品牌精神代表性的公关活动,演绎品牌的文化内涵,这种泛文化型公关方式在品牌文化的塑造方面往往能达到事半功倍的效果。以轩尼诗"文化使者卖酒"为例,轩尼诗在20世纪末重返中国内地市场时,采取了文化造势的公关手段。这次文化造势的公关活动的巧妙之处在于,轩尼诗是以文化使者而不是以商人的形象出现的,采用非商业场合的文化环境,突出古老、典雅、友谊和尊贵的文化内涵,树立品牌文化使者的形象,顺利开拓了中国市场。

3. 品牌文化的评价

品牌文化的塑造不是一蹴而就的,这个过程不仅需要很长的时间,而且还需要不断地强化。在这一过程中,企业的品牌负责人要对品牌文化的实施进行全面的监控,在各种载体上对品牌文化做全方位的检验,防止品牌文化发生变异。评价品牌文化可以从以下五个方面进行。

(1)品牌价值观

品牌价值观是品牌文化的核心。值得倡导的价值观包括重视管理者和员工的能力,团队合作精神和革新意识,尊重消费者的利益,关注技术更新等。对品牌价值观的评价需要综合考虑以上因素。

(2)品牌行为规范

除了规章制度等成文规定,品牌行为规范更多地表现为传统、习惯、禁忌和时尚等不成文的行为规范。它具有法律所不具备的积极示范效应和强烈的感染力和约束力,并体现出品牌价值观。对品牌行为规范的评价需要综合考虑规章制度、职业道德、工作态度和工作作风等。

(3)品牌文化网络

品牌文化网络包括品牌文化传播的各种渠道,既包括"硬件"媒体,如广播、电视、报刊、会议和社交媒介等,又包括"软性"传播,如文体活动和演讲比赛等。

(4)环境的适应

品牌文化对环境的适应性取决于品牌对竞争环境变化的敏锐性。品牌文化所面临的外部环境包括经济环境、政治环境、科技环境和社会文化环境等;内部环境包括物质条件、经营管理水平和员工素质等。企业应当评价品牌文化应对环境变化的能力。

(5)品牌形象

品牌形象是社会公众对品牌的综合印象,企业可以从产品质量、服务质量、领导形象、员工精神及品牌的知名度、信誉度和美誉度等方面对品牌形象做出评价。

4. 品牌文化的优化管理

优化品牌文化的关键在于企业在塑造品牌文化的过程中能否关注并满足消费者的物质与精神的现实需求和潜在需求,不断审视和检验品牌文化培育体系的目标定位和市场渗透,以实现品牌文化塑造体系的创新和完善。首先,企业应不断强化品牌个性,在品牌营销中寻求准确的品牌特性,并将其贯穿于品牌文化塑造的各个方面;其次,企业应不断提升品牌形象,缩短品牌与消费者之间的距离;最后,在品牌文化的塑造过程中,还要注意保持品牌的一致性。所有品牌要素在视觉传达和传播上应保持一致,营销行为与品牌形象应保持一致,这样才能在消费者心中形成统一形象,建立消费者的品牌忠诚。

二、品牌文化的培育

创建品牌导向的企业文化是品牌管理成功的重要保障。很多中央企业注重培育企业的品牌文化,在强化企业自身品牌建设的过程中,也为其他企业提供了诸多经验。比如,中粮集团它不但将品牌战略规划纳入集团战略规划,注重在公司内部开展品牌教育培训,树立品牌建设典型,而且注重激发员工爱护品牌的热情。概括而言,基于品牌导向的企业文化的培育包括三个方面的要点,即高层领导的高度重视、内部沟通与培训及员工的品牌意识。

(一)高层领导的高度重视

为了创建"品牌导向"的企业文化,高级管理者必须既是品牌大使又是品牌独裁者。公司最高层必须首先相信品牌的力量,其次是相信品牌必须通过组织进行管理。比如,在3M集团中,首席执行官倡导品牌资产管理,由公司市场营销副总裁领导的跨职能小组作为公司层的委员会,负责品牌资产价值增值并确保品牌组合的健康,委员会成员包括商务部行政代表、研发高级副总裁及商标法和品牌战略方面的高级参谋专家。

贺曼前领导人布拉德·范奥肯也曾说:"战略化的品牌资产管理组织结构不仅与市场营销有关,还意味着创立了一种能增强品牌承诺的文化。公司的所有流程、职能和资源都必须用来增强这种承诺。为了保证有效,它必须从公司最高层开始。"

中粮集团是世界 500 强企业,连续 5 年位列中国最具价值品牌 30 强,旗下 3 个子品牌(蒙牛、福临门和长城)连续进入 BrandZ 发布的中国品牌 100 强榜前 50 强,拥有 11 个由国家工商行政管理部门认证的驰名商标。中粮集团在品牌建设中能取得这些成绩,集团自己总结四大主要原因,分别是:"一把手"工程、组织保障、业绩考核和统一思想。其中"一把手"工程指的就是高层领导对品牌建设的高度重视,具体体现为。

首先,品牌管理组织的建立从公司最高层开始。中粮集团建立了四级品牌管理组织架构,第一层就是集团领导决策层,还成立了集团层面的品牌管理部。

其次,最高层在品牌组织管理中要有明确的分工和职责。中粮集团在分工和职责划分上非常细致,有人专门负责审核集团品牌战略及营销计划的制定和实施,监督预算执行;有人专门负责审批集团品牌管理政策、制定标准,决策相关品牌重大战略性问题。

最后,管理者在品牌上投资并关注品牌的健康。从 2006 年开始,中粮集团就对集团品牌、商标、集团媒介投放进行集中管理,将品牌战略纳入集团战略规划中,将品牌资产作为固有资产保值的重要内容。

(二)内部沟通与培训

企业文化是企业形成的共同遵守的价值观、信念和行为方式的总和,是企业生产与发展的指导思想。优秀的企业文化既能提升企业管理水平,也能够形成品牌效应。在企业文化塑造的过程中,每个员工对企业文化都有着自己的理解,而统一员工品牌认知,有助于建立"品牌导向"的企业文化。比如,中国建筑集团通过导入 CI 战略,实现了品牌与文化的建设共生,强化了员工对品牌的认知。对于企业而言,在企业内部开展以品牌为基础的沟通和培训,是统一员工品牌认知、讲好品牌故事的关键,更是企业品牌愿景得到拥护、品牌定位得到认可、品牌战略得到实施的重要保障。

1. 内部沟通方式

（1）环境系统

企业可以通过对工作环境的布置，设立培训教育基地等方式帮助员工实现对企业品牌文化的认知和认可。比如，中粮集团通过对工作环境的布置，设立书院、忠良博物馆等，达到员工内部的充分沟通。首先，工作环境既是工作活动的场所，也是中粮文化可视化环境的载体和窗口。所以，中粮集团在办公环境的布置上，要求合乎中粮视觉系统的规范，特别是忠良 LOGO 和标准色。在强化实用功能基础上，兼顾人性关怀，打造健康、明亮、适宜的工作环境。其次，中粮集团设立了忠良书院，将其作为中粮领导力开发中心和骨干培训基地，也是中粮人学习知识、交流思想的学校。书院用集团下属单位和产品、品牌的名称，以及集团的理念对书院的楼宇场所进行个性化命名；书院装饰使用中粮人自己创作的书画作品，充分展示中粮人的精气神。最后，中粮还设立了忠良博物馆，是集红色革命文物展、中粮历史展和产品体验为一体的综合性博物馆，是中粮集团的思想政治教育基地，也是展现中粮集团文化风采及企业软实力的窗口。

（2）文化活动

企业可以通过组织一些文化活动，植入品牌宣传，深化企业员工对企业品牌及产品品牌的认知，推动品牌文化的营造。比如，中粮集团经常借助中粮新春"FENG 会"、中粮嘉年华、中粮妙烩、青年大课堂和"福临门"论坛等来营造品牌文化，通过中粮人讲中粮故事，在活动中大规模植入品牌展示等推动中粮品牌文化的营造，还与中国人寿、中国电力等单位开展品牌经验分享。再比如，中国移动的品牌内部传播活动，通过广告创意大赛等活动，提升员工对品牌的认知。

（3）文化载体

极度品牌化的内部网站、内部出版物等都属于文化载体，可以在企业营造品牌文化过程中发挥重要作用，也是员工内部沟通的重要方式。中粮集团在文化载体方面主要有《企业忠良》杂志、"阿良"系列和班组文化墙。其中，《企业忠良》杂志创办于 2005 年 4 月,作为中粮集团的企业内刊定位于管理性杂志。秉承"真实、有效、互动、进步"的办刊宗旨,《企业忠良》一直致力于传递管理思想、深化管理理念、探讨公司经营、统一认识、凝聚人心,从精神层面推动公司发展,成为公司内部交流思想的平台和精神的皈依。"阿良"是中粮青年人的虚拟代言人,"阿良"乐于助人、不计得失、快速行动、执着追求的性格体现了中粮青年人的个性与风采。班组文化墙是集团班组建设中的一个主要阵地,可以是一周的工作总结,也可以是一周的管理动态,还可以是员工个人的成长经历和对生产经营的心灵感悟等。班组文化墙是一线员工获取知识和力量的精神园地。

2. 品牌培训

通过多种形式的业务培训,可以提升品牌管理者和员工的专业水平和国际视野。仍以中粮为例,中粮集团有自己的品牌培训体系,包括品牌分水岭系统培训、品牌经理人研讨会、品牌大讲堂和品牌精英汇。

(1)品牌分水岭系统培训,培训次数是每年 2 ~ 3 次,主要内容包括消费者与购买者洞察、品牌战略与策略、品牌传播和消费者沟通。

(2)品牌经理人研讨会,培训时间为每年的第四季度,主要内容包括中粮最佳实践分享、年度品牌奖项评比、品牌战略研讨和预算研讨。

(3)品牌大讲堂,每季度培训 1 次,主要内容包括市场发展趋势与展望、经典案例分享和热点话题。

(4)品牌精英汇,每月培训 1 次,主要内容包括品牌知识共享、跨品类交流、外部企业走访和头脑风暴。

(三)员工的品牌意识

在企业文化塑造的过程中,树立员工品牌意识,有助于激发员工爱品牌、护品牌的热情。建立品牌建设的激励机制和树立品牌建设者典型,是树立员工品牌意识的两个重要手段。

1．建立品牌建设的激励机制

成功地建立了"品牌导向"企业文化的组织有以下显著特征：第一，拥有有力的激励和报酬系统，以激励经理们做出能力范围内最优的品牌资产管理决策；第二，拥有长期的职业生涯通道，激励员工长期地将自己和品牌联系在一起。所以，建立品牌建设的激励机制，有助于激发员工热情，从而增强其品牌意识。

（1）薪酬

花旗集团的产品研究与开发主管杰伊·路特瑞尔曾说："将报酬和你想要的度量指标联系起来是重要的，反之亦然。你需要让两者都很明确——这个不用进行过多的解释。"所以，创建"品牌导向"的企业文化，企业可以恰当地把员工个人与公司和品牌的成功紧密结合起来。应该把每位员工的年度目标和个人对品牌相关成就的贡献结合起来，建立以品牌为基础，由每个员工参与的报酬系统。通过这种方式，员工个体和整个组织都要对品牌的成功负责。例如，中粮集团在业绩考核方面就将品牌建设作为一项重要工作对各业务单元一把手进行业绩考核，从而激励他们积极从事品牌资产管理工作。这也成为中粮集团品牌建设成功的重要原因之一。

（2）职业生涯通道

很少有公司建立基于品牌的职业生涯通道，因此管理者仍然以短期品牌决策的方式思考，以取得短期效益来向组织中的其他人表现自己的价值。同时，每个季度汇报绩效的压力也强化了他们做出短期决策的倾向。尽管这会带来近期内的成功，但这将以丧失长期的品牌价值为代价。很多公司认为，将经理从一个品牌提拔到另一个品牌对公司和雇员都是有利的。他们认为，让经理面对更多的品牌就是将经理的价值更多地贡献给公司。然而，从经理调任另一品牌那天起，就是其个人特定品牌知识丧失的时刻。很多企业的高管有财务或运营经验，但是很少有市场营销和品牌塑造的经验，因此品牌价值被低估了。

通过在管理者和品牌间建立连续的、长期的品牌职业生涯通道，公司就能够将品牌资产管理的长期质量最大化。例如,宝洁公司绝不从外面找"空降部队"管理品牌,而是采取百分之百的内升政策,为员工建立连续、长期的品牌职业生涯通道。

2. 树立品牌建设者典型

企业通过树立品牌建设者典型——"员工品牌大使",充分发挥典型示范的引领作用,使员工品牌意识增强。例如,农夫山泉的广告片《一百二十公里》《最后一公里》等,均是通过农夫山泉底层员工的故事,在感动消费者的同时,向消费者传达了农夫山泉的品质。中国电信的广告片《烈日下的坚守与感动》,也是通过多位河北电信"装维小哥"的日常和心里话,向消费者传递中国电信的品质与服务。通过这种树立品牌建设者典型的做法,企业不但能够通过朴实感人的故事获得消费者对品牌的情感共鸣,而且能激发企业员工爱品牌、护品牌的热情。

参考文献

［1］孙丰国,黎青.广告策划与创意［M］.3 版.长沙:湖南大学出版社,2018.

［2］潘君,冯娟,徐曼.广告策划与创意［M］.武汉:中国地质大学出版社,2018.

［3］丁蓉.广告策划与艺术创意［M］.成都:电子科技大学出版社,2018.

［4］黄升民,段晶晶.广告策划［M］.3 版.北京:中国传媒大学出版社,2018.

［5］郑建鹏,张小平.广告策划与创意［M］.北京:中国传媒大学出版社,2018.

［6］高萍.广告策划与整合传播案例教学［M］.北京:中国传媒大学出版社,
2018.

［7］钟怡.广告策划［M］.北京:中国建筑工业出版社,2018.

［8］吴雅儿,陈坤,刘晓兰.网络广告与策划［M］.广州:华南理工大学出版社,
2018.

［9］马珂.广告策划之道［M］.郑州:河南美术出版社,2018.

［10］殷辛,王禹.广告策划与创意［M］.北京:北京希望电子出版社,2017.

［11］吴柏林.广告策划:实务与案例［M］.3 版.北京:机械工业出版社,2018.

［12］何是旻,魏暄.广告策划与创意研究［M］.哈尔滨:哈尔滨地图出版社,
2018.

［13］孟韬.市场营销策划［M］.沈阳:东北财经大学出版社,2018.

［14］徐倩,陈天福.广告设计［M］.北京:北京理工大学出版社,2018.

［15］章军,方芳.广告传播理论与实践［M］.合肥:中国科学技术大学出版社,
2018.

［16］胡凡.互动广告创意设计［M］.长春:吉林美术出版社,2018.

［17］苏广文,雷刚跃.移动互联网产品策划与设计［M］.西安:西安电子科技大
学出版社,2018.

［18］唐丽,熊洁,魏官禄.视觉与创意:广告设计艺术与方法实践［M］.北京:中国书籍出版社,2018.

［19］王砥,李培华.现代广告学［M］.徐州:中国矿业大学出版社,2019.

［20］李喆,刘华.品牌管理与营销［M］.北京:中国纺织出版社,2019.

［21］曹鸿星,杨桂莲.品牌管理和知识产权保护［M］.北京:知识产权出版社,2020.

［22］张艳菊.互联网时代品牌管理及创新研究［M］.北京:中国商业出版社,2019.

［23］刘红艳.品牌危机与品牌长期管理［M］.北京:中国经济出版社,2019.

［24］吴芹,屈志超.品牌战略与管理［M］.北京:首都经济贸易大学出版社,2019.

［25］钟之静.新媒体下都市报品牌资产管理研究［M］.广州:暨南大学出版社,2019.

［26］卢晶.品牌管理［M］.北京:清华大学出版社,2019.

［27］刘常宝.品牌管理［M］.3 版.北京:机械工业出版社,2019.

［28］曾振华.大数据传播视域下的品牌管理［M］.北京:中国社会科学出版社,2019.

［29］屈冠银.养老服务品牌创建与管理［M］.北京:中国商务出版社,2020.

［30］刘业政,孙见山,姜元春.数据驱动的品牌关系管理［M］.北京:科学出版社,2019.

［31］潘虹.中国酒店的管理与品牌建设研究［M］.哈尔滨:东北林业大学出版社,2019.

［32］向文燕,郭宝丹,曹云清.品牌管理［M］.成都:电子科技大学出版社,2020.

［33］王新刚.品牌管理［M］.北京:机械工业出版社,2020.